EMANUELE BALDUZZI
JUAN LUIS FUENTES
ENRICO MIATTO
(EDS.)

MISIÓN SOCIAL DE LA UNIVERSIDAD Y APRENDIZAJE-SERVICIO: REFERENCIAS TEÓRICAS Y LÍNEAS DE INVESTIGACIÓN EMERGENTES

EDICIONES UNIVERSIDAD DE NAVARRA, S.A.
PAMPLONA

Cupón para la Biblioteca Virtual

Accede a la versión eBook de este título por solo **1,99 €**. Con la compra de este libro puedes utilizar el siguiente cupón para la lectura en *streaming** desde la Biblioteca Virtual. **Sigue estas instrucciones** para visualizar tu libro:

1. Dirígete a la web de la Biblioteca Virtual **https://ebooks.eunsa.es/library**.

2. En la web ve a **Iniciar sesión** e introduce tu email y contraseña. Si no estás registrado, deberás completar el proceso en **Registrarse**.

3. Tras registrarte, accede a la página del libro o lee el QR de esta página. Bajo el precio podrás **insertar el código oculto en el siguiente cupón** para activar la promoción.

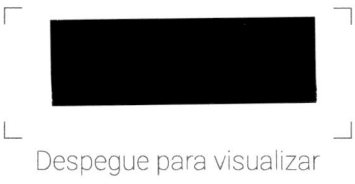

Despegue para visualizar

Acceso directo al eBook

Canjéalo en ebooks.eunsa.es

*Con acceso a internet desde cualquier navegador.

Primera edición: 2025

© 2025 Emanuele Balduzzi, Juan Luis Fuentes y Enrico Miatto (eds.)
Ediciones Universidad de Navarra, S.A. (EUNSA)
Campus Universitario • Universidad de Navarra • 31009 Pamplona • España
+34 948 25 68 50 • www.eunsa.es • eunsa@eunsa.es

ISBN: 978-84-313-4025-4
D.L. NA 799-2025

Imprime: Podiprint
Printed in Spain - Impreso en España

ÍNDICE

SEGUNDA PARTE
LÍNEAS DE INVESTIGACIÓN
DEL APRENDIZAJE SERVICIO

INTRODUCCIÓN

«Él me enseñó con su vida a perderme en la vida del pueblo de mi aldea, y no sentía yo más pasar las horas, y los días y los años, que no sentía pasar el agua del lago. Me parecía como si mi vida hubiese de ser siempre igual. No me sentía envejecer. No vivía yo ya en mí, sino que vivía en mi pueblo y mi pueblo vivía en mí» (p. 57).

Unamuno, M. (1979).
San Manuel Bueno, Martir y tres historias más. Espasa Calpe.

Esta obra constituye uno de los principales logros de un proyecto de investigación y colaboración internacional de dos años de duración, en el que han participado investigadores de dos países europeos del entorno Mediterráneo, Italia y España, y seis universidades distintas: el Istituto Universitario Salesiano di Venezia, la Università degli Studi di Bergamo, la Universidad Complutense de Madrid, la Universidad Internacional de Catalunya, la Universidad de Navarra y la Universidad Nacional de Educación a Distancia.

Su objetivo fundamental reside en poner en valor una de las finalidades más relevantes de la milenaria institución universitaria, en las coordenadas espacio-temporales actuales, prestando especial atención a su dimensión eminentemente pedagógica, a saber, armonizar una educación liberal, por un lado, con el compromiso y la participación cívica, y la respuesta a las necesidades sociales y comunitarias, por otro. Para potenciar y promover este desafiante propósito, la metodología del aprendizaje-servicio se ha erigido en los últimos años como un recurso valioso, prometedor y de gran alcance, en el que tanto la investigación como la práctica educativa –no solo en la educación superior, sino también en otras etapas educativas– ha puesto la mirada de manera muy significativa.

Así pues, el texto se divide en dos partes complementarias con cuatro capítulos cada una. La primera pretende delimitar los principios teóricos de referencia sobre la idea de universidad que queremos proponer en su vinculación con el aprendizaje-servicio. La segunda explora con detalle algunas líneas de investigación emergentes y prometedoras, susceptibles de fortalecer y otorgar mayores cotas de legitimidad a este vínculo, epistemológico y educativo, en el contexto universitario contemporáneo.

Más concretamente, el volumen se abre con una contribución de Francesco Magni, quien reflexiona sobre los complejos, pero también ineludibles retos a los que debe enfrentarse hoy la institución universitaria, y al mismo tiempo se centra en cuáles deberían ser sus objetivos más relevantes y sus tareas más urgentes. Elena Arbués se centra a continuación en el tema de la Responsabilidad Social Universitaria (RSU), a la luz de las actividades que se vienen impulsando desde la Universidad de Navarra en relación con las prácticas de aprendizaje-servicio. El tercer capítulo, escrito a dos manos por Concepción Naval y Mónica Argemí, supone una continuidad dialéctica con el texto anterior en cuanto que trata de subrayar la importancia de la educación liberal como base de una educación transformadora, bien representada por el compromiso del Instituto Core Curriculum de la Universidad de Navarra. El último trabajo de esta primera parte es de Enrico Miatto, que aspira a ofrecer una lectura pedagógica innovadora del aprendizaje-servicio como «Tercer Espacio» de ensañanza en la Universidad, capaz de promover múltiples formas de desarrollo de la investigación pedagógica y didáctica, tanto en perspectiva teórica como práctica.

La segunda parte del libro se abre con una reflexión de Gonzalo Jover, quien destaca cómo la filosofía pragmática de la educación de John Dewey puede representar una propuesta capaz de armonizar instancias no siempre convergentes entre la educación liberal y el aprendizaje-servicio. Por su parte, Juan Luis Fuentes y Tania García-Bermejo realizan un análisis de la oportunidad que esta metodología plantea para la implicación en acciones de carácter ético, vinculadas a la responsabilidad cívica y la formación del carácter de los estudiantes universitarios, así como la profunda capacidad transformadora, racional y emocional, de las experiencias de asombro susceptibles de ser promovidas en los proyectos de aprendizaje-servicio. Emanuele Balduzzi, en la recta final de la obra, se propone subrayar el vínculo entre aprendizaje-servicio y ecología integral para la creación de una ciudadanía ecológica sustentada por la virtud y por un horizonte de vida buena. Y, para terminar, la contribución de Beatrice Saltarelli y Alberto Baccichetto ofrece una investigación sobre las múltiples interpretaciones del vínculo entre los dos conceptos esenciales, aprendizaje y servicio, haciéndonos pensar sobre las cuestiones pedagógicas y éticas que implica esta compleja intersección.

Sirvan asimismo estas breves letras introductorias para mostrar nuestro más sincero agradecimiento a todos los autores que han hecho posible tanto el desarrollo del proyecto de investigación, como con sus textos la configuración de este libro. Sin su amable predisposición y su trabajo meticuloso no habría sido posible esta conjunción de ideas tejidas para contribuir a la continua tarea de construcción de la Universidad. Una universidad con un alto compromiso intelectual y social.

Emanuele Balduzzi, Juan Luis Fuentes y Enrico Miatto
Venecia y Madrid, septiembre de 2024

PRIMERA PARTE

UNIVERSIDAD Y APRENDIZAJE-SERVICIO: COORDENADAS TEÓRICAS DE REFERENCIA

LA MISIÓN DE LA UNIVERSIDAD ENTRE PARADIGMAS PEDAGÓGICOS Y DESAFÍOS CONTEMPORÁNEOS

Francesco Magni
(*Università degli Studi di Bergamo*)

Los sistemas de educación superior se enfrentan a los mismos retos del mundo contemporáneo, en constante cambio, tras pandemias globales e incertidumbres diversas que abarcan desde la esfera antropológica a la geopolítica. Estos retos representan una verdadera crisis (Scott, 2021), que amenaza con ampliar en todo el mundo las grandes disparidades y desigualdades en términos de oportunidades educativas, en un proceso en el que la revolución digital y la proliferación de la Inteligencia Artificial parecen haber acelerado y profundizado aún más (Rafalow, 2020). Al mismo tiempo, sin embargo, este contexto representa una gran oportunidad para repensar el sistema educativo, en general, y las universidades, en particular.

Los sistemas de educación superior viven hoy una fase de «gran convulsión» (Levine y Van Pelt, 2021), y se enfrentan a una encrucijada ineludible en la que convergen dos factores: por un lado, la posibilidad de una profunda renovación del sistema existente, en términos de paradigmas epistemológicos de referencia, estructura organizativa y declinación didáctica; por otro, el riesgo de la sustitución de las actuales instituciones de enseñanza superior por otras agencias educativas más dinámicas y flexibles, capaces de responder no sólo a las necesidades del cambiante contexto socioeconómico, sino también a las necesidades socio-relacionales de los estudiantes y sus familias. Este último escenario es el que prevé una verdadera disrupción, es decir, una ruptura de tal magnitud que perturbe todos los sistemas de educación y formación superior a nivel mundial. Por supuesto, ambos escenarios también pueden darse simultáneamente, produciéndose sustituciones parciales dentro de una renovación global y general.

ENTRE PREGUNTAS ANTIGUAS Y RESPUESTAS INNOVADORAS

En este contexto vuelven a plantearse, con gran actualidad y urgencia, cuestiones ancestrales. Entre ellas, cabe destacar las siguientes: ¿cuáles son los objetivos de la universidad hoy? ¿Qué funciones pedagógicas está llamada a desempeñar y a qué demandas de la sociedad está llamada a responder?

Las respuestas son también a veces inciertas y más complejas que en el pasado[1]. En primer lugar, parece que no está claro –desde hace algunas décadas (Readings, 1996)– cuál es la finalidad principal de la institución universitaria y qué funciones educativas y sociales está llamada a desempeñar. Las tareas tradicionales que se le atribuyeron en el pasado, a través de sus actividades de enseñanza e investigación –entre ellas: 1. seleccionar a la clase dirigente; 2. proporcionar un título de enseñanza superior con valor legal; 3. garantizar la igualdad de oportunidades de aprendizaje para todos– parecen ahora respuestas incompletas y parciales a los cambios de época, sociales y tecnológicos que estamos experimentando.

Hasta hace unos años, las respuestas que hoy siguen siendo parcialmente válidas podrían incluir lo siguiente:
- la selección de la clase dirigente de una nación;
- la provisión de una titulación de enseñanza superior legalmente válida;
- la posibilidad de garantizar la igualdad de oportunidades de aprendizaje para todos y de posibilitar, como señala el artículo 34 de la Constitución italiana de 1948, que «quienes sean capaces y los que lo merezcan, aunque estén privados de medios, tengan derecho a alcanzar los niveles más altos de educación»;
- la posibilidad de garantizar perspectivas profesionales y laborales fiables;
- la posibilidad de «redención social» para los más pobres y vulnerables.

Todas estas respuestas siguen siendo, en mayor o menor medida, válidas hoy en día. Sin embargo, pensamos que, aunque siguen presentes, no bastan por sí mismas para sostener la misión de la institución universitaria.

Tras la universidad «elitista» y la universidad «de masas» (surgida en 1968) (Xodo y Benetton, 2020), los contornos de la universidad de la «tercera fase» corren el riesgo de seguir siendo percibimos como inciertos y confusos. Uno de los signos más significativos de la necesidad de repensar y actualizar la institución universitaria en Italia es el proyecto de ley nº 1192, presentado por el Gobierno en el verano de 2024, en el que,

---

1. Para un análisis más detallado, ver Magni (2023).

como parte de las medidas de simplificación normativa y administrativa, prevé una reorganización global del sector universitario y de la enseñanza superior[2].

LA UNIVERSIDAD COMO LUGAR DE LIBERTAD

Otra cuestión de indudable actualidad y relevancia hace referencia a la libertad de expresión en la universidad, una dimensión que se considera cada vez más en peligro no sólo en los países que carecen de garantías constitucionales y democráticas, sino también en las universidades occidentales, donde, entre avisos de activación, espacios seguros y códigos de expresión, la libertad de expresión en la academia (libertad académica) se ve cada vez más cuestionada o amenazada, con evidentes repercusiones negativas en la calidad de las actividades docentes y de investigación[3]. Esta última cuestión, que sin duda tiene fuertes repercusiones en diversos ámbitos políticos, sociales y culturales más amplios, también es muy relevante desde un punto de vista puramente pedagógico y educativo. En efecto, la universidad (y la enseñanza superior en general) para ser verdaderamente formativa debe ser ante todo un lugar de libertad. Un lugar donde uno se educa, se forma y se compromete constantemente en la crítica personal y comunitaria de lo que propone el profesor y discute conjuntamente la comunidad universitaria (entre estudiantes, entre estudiantes y profesores y entre investigadores).
La universidad, más aún ante las convulsiones de nuestra época, debe volver a descubrirse como un lugar de libertad para profesores, investigadores y estudiantes. Un lugar donde la libertad de crecer, de aprender, de cuestionar, de equivocarse, de encontrarse (y de «con-frontar» al otro, siempre de forma civilizada y dentro de un diálogo respetuoso con el otro centrado en el contenido a tratar). Libertad para enseñar y para buscar un vestigio de

---

2. Cfr. Disegno di legge n. 1192, *Misure per la semplificazione normativa e il miglioramento della qualità della normazione e deleghe al Governo per la semplificazione, il riordino e il riassetto in determinate materie* https://www.senato.it/leg/19/BGT/Schede/Ddliter/testi/58390testi.htm
3. A este respecto, permítanme referirme al libro Magni (2022). Un tema ciertamente actual pero que al mismo tiempo siempre ha estado presente en la vida universitaria, como puede verse en el texto de John Dewey de principios del siglo XX (Dewey, 1902).

verdad aún oculto o abandonado en las sombras de algún pliegue de la realidad. Una perspectiva que tiene en la educación crítica –intensa en su sentido etimológico (del verbo griego κρίνω, juzgar)– uno de sus focos ineludibles. Contribuye así al crecimiento y maduración de hombres y mujeres libres y responsables, capaces de desarrollar su propio pensamiento crítico y de desempeñar su propio papel personal e intransferible en el mundo contemporáneo en todos los ámbitos científicos, educativos, sociales, políticos y profesionales, contribuyendo así plenamente a la vida democrática. Una directriz que parece aún más decisiva en nuestra época marcada por el dominio aparente o siempre posible de la tecnología sobre el hombre.

Pietro Piovani, filósofo napolitano y alumno de Giuseppe Capograssi, en un libro publicado a finales de los años sesenta en el que se cuestionaba el futuro de la institución universitaria, sostenía que la universidad, aunque se dirija a fines profesionales, directa o, mejor, indirectamente, sigue siendo libre en sí misma

> porque tiene una fuerza liberadora: emancipa de la mecanicidad y la manualidad de las técnicas supervisadas, incluso cuando se despliega en medio de técnicas elaboradas, porque educa para utilizarlas sin servirlas. En efecto, no enseña a conocer los datos puros, sino a dominarlos críticamente (Piovani, 1969).

De este modo, la persona podrá ser y llegar a ser cada vez más consciente de sí misma (*conscius sui*) sin aceptar ni estar sometida al reduccionismo antropológico, ni sometida a la esclavitud de la tecnología, ni al yugo de los demás, y llegar así a ser plenamente autónoma y responsable de sus propios actos (*compos sui*).

LA UNIVERSIDAD ENTRE 'RAMAS SECAS' Y 'AGUAS DE MANANTIAL'

En este escenario, es cada vez más importante saber distinguir y separar lo que todavía representa algo vivo y vital para la institución universitaria de lo que, en cambio, ahora se refiere a un pasado que sólo puede lastrar y anquilosar la experiencia educativa de las nuevas generaciones. En este sentido, la experiencia de los años de la reciente pandemia de Covid-19 representó una oportunidad, por ejemplo, para experimentar concretamente –aunque con limitaciones y contradicciones– métodos de enseñanza/aprendizaje que trascienden los límites espacio-temporales habituales, confirmando y haciendo practicable a gran escala lo que desde hace tiempo parecía claro: ya no hay lugares donde se aprende y lugares donde no se aprende: si, de hecho, la propia casa puede transformarse en un aula universitaria, la oficina o la fábrica también pueden transformarse en un lugar de aprendizaje, en una mezcla de esferas personales y comunitarias, de esferas privadas y profesionales, con todos los riesgos y dificultades que ello conlleva.

Las habituales divisiones cronológicas y topológicas del tiempo y del espacio reservadas a una u otra actividad parecen cada vez más sutiles y frágiles: el itinerario formativo analógico lineal, compuesto exclusivamente por una sucesión ordenada de experiencias formativas según una directriz espacio-temporal precisa, parece estar cada vez más flanqueado por un mosaico de experiencias formales, extraformales e in-formales, más complejas y multiformes, pero no por ello necesariamente evaluables como inferiores o menos formativas en sí mismas.

En este sentido, por tanto, la desaparición del paradigma separador en torno al cual se construyó el modelo tradicional de educación superior, basado en la concentración de la experiencia formativa en un espacio (claustros y aulas universitarias) y un tiempo (la juventud) determinados y homogéneos para todos, se ha visto de hecho superada por una evolución del sector educativo en múltiples direcciones, que plantean algunos interrogantes respecto a las características de direccionalidad, sistematicidad y selectividad que se han atribuido a la categoría de 'formación'.

También hay que señalar el declive del monopolio universitario, en una fase histórica en la que, incluso en Italia, están ganando terreno otros proveedores de formación en el sector de la enseñanza superior: piénsese, por ejemplo, en el gran renacimiento que se está produciendo en el sector de la formación terciaria no académica (ITS Academy) gracias también a la reciente Ley nº 99/2022 por la que se establece el Sistema Terciario de Educación Superior Tecnológica y al masivo apoyo económico europeo post-pandémico del PNRR (Plan Nacional de Recuperación y Resiliencia) y Next Generation EU.

En la misma línea debe considerarse el eclipse del formalismo y el credencialismo educativo, según los cuales una cualificación formal vale más que la consecución y maduración real de conocimientos y competencias que pueden exhibirse en determinadas situaciones concretas.

Otra «rama seca» que corre el riesgo de frenar el impulso hacia el futuro y la innovación de nuestras universidades, tanto en la práctica docente como en la investigación científica, está representada por el persistente separatismo y reduccionismo disciplinar, según el cual cada ciencia y disciplina se separa rígidamente de las demás y se desmiembra en micro especializaciones encerradas en sí mismas y sin conexiones externas.

Por el contrario, nuestra época se caracteriza por el paradigma epistemológico de la complejidad y el paradigma práctico de la incertidumbre: la realidad en sus diversas declinaciones e implicaciones es cada vez más difícil de conocer, y nuestra capacidad para actuar bien en las circunstancias dadas se pone a prueba por la rápida sucesión de acontecimientos imprevistos e imprevisibles.

Para poder conocer la realidad (racionalidad teórica) y para poder actuar bien, con la *phrónesis* y la prudencia aristotélicas (Aubenque, 2018), en un contexto espacio/temporal dado (racionalidad práctica)[4], es necesario, por tanto, salvaguardando las perspectivas individuales y los distintos enfoques disciplinarios, recuperar una mirada más amplia capaz de hacer dialogar y cuestionar las perspectivas científicas individuales dentro de un horizonte único, recuperando ante todo la capacidad de poner de relieve las conexiones entre las cosas o, como decía Newman, sus «relaciones mutuas y auténticas» (Newman, 2005, p. 132), consiguiendo así distinguir «el fin en cada principio, el origen en cada fin, la ley en cada interrupción» (p. 135).

En esta misma línea, el filósofo alemán Schleiermacher había subrayado que el objetivo de la universidad no es tanto «la adquisición pura y simple de cualquier saber» (Schleiermacher, 1995, p. 110), sino el «conocimiento» como tal en cuyo ámbito «todo es interdependiente y coincide» (p. 41). Así pues, Schleiermacher, recordando la «necesaria unidad interna de la ciencia», sostiene que

---

4. Para una relectura pedagógica de las dimensiones de la racionalidad aristotélica, véase Bertagna (2010), en particular el capítulo 5, § 5 sobre la racionalidad práctica.

una cosa parece tanto más incomprensible y confusa cuanto más se explica por sí misma: en efecto, para ser riguroso, no se puede analizar un objeto particular más que en relación con todos los demás. La elaboración de una parte del conocimiento depende, pues, de la de todas las demás (pp. 41-42).

El objetivo de la universidad será, por tanto, formar hombres y mujeres capaces de considerar el objeto particular de estudio «no en sí mismo, sino en una red de relaciones científicas», incluyéndolo «en un todo más amplio, sin separarlo nunca de la unidad y totalidad del saber» (pp. 61-62).

Esclarecedoras a este respecto son unas páginas ya «clásicas» propuestas hace casi un siglo por el filósofo español José Ortega y Gasset donde cuestiona la misión de la universidad. Él, junto a la preparación para las «profesiones intelectuales» de la burguesía y la preparación de los futuros investigadores, asigna a la universidad como tarea primordial lo que resume como la «transmisión de la cultura», justificándola en estos términos:

Cultura general [...] La *cultura*, referida al espíritu humano –no al ganado o los cereales– no puede ser sino general. No se es culto» en física o en matemáticas. Eso es ser sabio en una materia. [...]. Lo que ahora se define como cultura general de ninguna manera posee el significado que tenía en la Edad Media, esto es, cuando la universidad apuntaba poco a la formación profesional y mucho a la cultura general, que en ese entonces era, prevalentemente, teología y filosofía, la introducción al estudio de un sistema de ideas sobre el mundo y la humanidad. Era, por tanto, el repertorio de creencias que debía dirigir eficazmente su existencia. La vida es un caos, una selva salvaje, una confusión. El hombre se pierde en ella. Pero su mente reacciona ante esa sensación de naufragio y perdimiento: trabaja por encontrar en la selva 'vías', 'caminos'; es decir: ideas claras y firmes sobre el Universo, convicciones positivas sobre lo que son las cosas y el mundo. El conjunto, el sistema de ellas, es la cultura en el sentido verdadero de la palabra; todo lo contrario, pues, que ornamento. Cultura es lo que salva del naufragio vital, lo que permite al hombre vivir sin que su vida sea tragedia sin sentido o radical envilecimiento (Ortega y Gasset, 1972, pp. 45-46).

El adversario contra el que arremete Ortega y Gasset es el «nuevo bárbaro» –el ingeniero, el médico, el abogado, el científico– que a pesar de ser «más culto que nunca» es al mismo tiempo «también más inculto»

(Ortega y Gasset, 1972, p. 47). Esta situación hace que los hombres así formados ya no sean capaces de vivir «a la altura de los tiempos» (p. 46), es decir, capaces de comprender y afrontar los retos y problemas que plantea la época actual. Es a este elevado objetivo al que siempre puede aspirar la universidad. Sin ella, es muy difícil formar buenos médicos, jueces o técnicos, que siempre tendrán dificultades en cualquier contexto profesional, cultural o familiar. Por el contrario, para moverse con éxito en el oscuro e incierto desierto de la vida, hay que ser culto, es decir, tener una idea del espacio y del tiempo en que se vive, una cultura *actual* que sepa situarnos en el camino correcto, con libertad y responsabilidad personales. La «persona culta», por tanto, utilizando una expresión de Hannah Arendt (1991) que encaja en esta misma concepción amplia de la cultura, es «alguien que sabe elegir su compañía entre los hombres, las cosas, los pensamientos; en el presente como en el pasado» (p. 289).

En esta fascinante aventura del conocimiento de la realidad, es esencial reavivar la centralidad de la dimensión relacional, redescubriendo así esa dimensión indispensable del aprendizaje que siempre ha cubierto la *communitas universitaria*: no se puede crecer solo, hay que seguir la sabia guía de maestros apasionados que nos oriente por este camino tan apasionante como a veces arduo y fatigoso.

En la universidad de nuestro tiempo, por tanto, es esencial fomentar y apoyar esas relaciones educativas plenas y valientes, capaces de hacer emerger y madurar los talentos de cada individuo (Felten y Lambert, 2020). Sólo dentro de esta experiencia de aprendizaje personal y al mismo tiempo comunitario podrán las jóvenes generaciones, como deseaba un importante filósofo del derecho italiano del siglo pasado, «sentir su responsabilidad ante la vida y ante la historia» (Capograssi, 1959). Y tal vez sólo a través de este redescubrimiento podamos recuperar la siempre nueva, profunda e ineludible función, tan importante en términos culturales, sociales y personales, de una institución como la universidad.

REFERENCIAS

Arendt, H. (1991). *Tra passato e futuro*. Garzanti.

Aubenque, P. (2018). *La prudenza in Aristotele*. Edizioni Studium.

Bertagna, G. (2010). *Dall'educazione alla pedagogia. Avvio al lessico pedagogico e alla teoria dell'educazione*. La Scuola.

Capograssi, G. (1959). *A proposito del metodo dei corsi universitari*. Opere.

Dewey, J. (1902). Academic freedom. Educational Review. En J. Dewey (1976). *The Middle Works, 1899-1924* (pp. 53-66). Southern Illinois University Press.

Felten, P. y Lambert, L. M. (2020). *Relationship-Rich education. How human connections drive success in college*. Johns Hopkins University Press.

Levine, A. y Van Pelt, S. (2021). *The Great Upheaval, Higher Education's Past, Present, and Uncertain Future*. Johns Hopkins University Press.

Newman, J. H. (2005). *L'idea di Università*. Edizioni Studium.

Magni, F. (2022). *La libertà di espressione nelle Università tra USA ed Europa*. Edizioni Studium.

Magni, F. (2023). *L'università e il rilancio della formazione terziaria. Nuovi paradigmi culturali*. Edizioni Studium.

Ortega y Gasset, J. (1972). *La missione dell'università*. Guida Editori.

Piovani, P. (1969). *Morte (e trasfigurazione?) dell'università*. Guida Editori.

Rafalow, M. H. (2020). *Digital Divisions. How schools create inequality in the tech era*. University of Chicago Press.

Readings, B. (1996). *The University in Ruins*. Harvard University Press.

Scott, P. (2021). *Retreat or Resolution? Tackling the Crisis of Mass Higher Education*. Bristol University Press.

Schleiermacher, F. D. E. (1995). *Riflessioni occasionali sulle università di modello Tedesco*. La città del sole.

Xodo, C. y Benetton, M. (Eds.), (2020). *Sessantotto pedagogico. Passioni, ragioni, illusioni*. Edizioni Studium.

PREPARAR PARA EL EJERCICIO DEL COMPROMISO SOCIAL: EL APRENDIZAJE-SERVICIO EN LA UNIVERSIDAD DE NAVARRA

Elena Arbués
(*Universidad de Navarra*)

INTRODUCCIÓN

En las sociedades contemporáneas ha ido generalizándose la concepción de la educación como un medio de mejora de la condición humana y de la vida en sociedad, así como la convicción de que es la mayor riqueza y el principal recurso de un país y de sus ciudadanos. En las últimas décadas se ha hecho patente una creciente necesidad de subrayar la dimensión social y ética de las relaciones humanas y de la educación (Delors, 1996; Naval, 2000; Pérez Juste, 2007; Loader, 2007; McCowan, 2009; Print y Milner, 2009; Ibañez-Martín y Fuentes, 2017; Naval y Arbués 2018).

Parece ya superada, aunque aún hay quien la mantiene, la visión instructivista de la educación, como exclusivo medio de preparación para la inserción laboral, desligada de su función formativa personal más profunda. Por el contrario, una educación integral incide en las motivaciones, actitudes y valores de los jóvenes contribuyendo, de esta manera, en su mejora no sólo personal sino también social.

No cabe duda de que la educación, generando mejoras personales, propicia beneficios generales, ya que permite armonizar las relaciones sociales y, como consecuencia, una mayor cohesión social. Entre sus efectos están la promoción de la justicia social, la disminución de la delincuencia y la violencia, el aumento de la participación ciudadana y la mejora de la calidad de vida, lo cual tiene un efecto positivo sobre el crecimiento y el desarrollo económico y social de los países (Villa, 2001; Briceño, 2011; Arbués y Naval, 2020).

Podemos decir que la madurez del ser humano, también en su dimensión social, se consigue gracias a la educación. Según García Garrido «todos nacemos sociables, pero no sociales, del mismo modo que nacemos educables, pero no educados» (1971, p. 106). Esa capacidad de relación y de comunicación humanas con la que nacemos, si no se educa hasta llegar a la madurez social podría desviarse en conductas negativas. Por eso el crecimiento personal no puede desligarse del crecimiento en sociabilidad; existe una mutua interrelación entre las facetas individual y social de la persona. De ahí que no quepa otro modo de promover la educación social y cívica que en relación con los otros. En este sentido las instituciones de cualquier nivel educativo, también el universitario, son ámbitos privilegiados de convivencia y de educación social.

En el siguiente epígrafe abordamos esta necesidad de que en la universidad se afronten cuestiones sociales y comunitarias relevantes, con la colaboración de diversas entidades, en áreas y servicios varios. El aprendizaje-servicio se encuentra entre las oportunidades pedagógicas que permiten a las instituciones educativas estrechar vínculos con su entorno social, si bien esto implica la adopción de un modelo de enseñanza más comunitario, que tenga en cuenta las dinámicas sociales.

LA RESPONSABILIDAD SOCIAL UNIVERSITARIA: EL PAPEL DEL APRENDIZAJE-SERVICIO

Bajo la expresión «responsabilidad social universitaria» (RSU) quedaban agrupados un variado conjunto de compromisos que las universidades deben asumir en el cumplimiento efectivo de su misión social y de sus funciones docentes, investigadoras, de extensión universitaria y gestión. Fue en el marco de la Conferencia Mundial de Educación Superior, promovida por la UNESCO (2009), donde se definió el concepto RSU en términos de preocupación por cuestiones de política ambiental, salud laboral, derechos y deberes de los trabajadores, atención a estudiantes con necesidades educativas especiales y políticas interculturales e inclusivas o de equidad, para dar respuesta a las demandas sociales de nuestro tiempo y para lograr una comunidad social más sostenible.

Vallaeys (2014) define la RSU en función de los impactos derivados del quehacer universitario, de los que se desprenden cuatro ejes de dicha responsabilidad: campus responsable, formación profesional y ciudadana, gestión social del conocimiento y participación social. El enfoque de la RSU introduce nuevos temas en la agenda universitaria, así como el reconocimiento de que la universidad forma parte del problema tanto como de la solución a las situaciones de injusticia, inequidad e insostenibilidad sociales. En este sentido podemos destacar, por ejemplo, la aportación que la universidad puede hacer para que la nueva sensibilidad ecológica se traduzca en una disposición a la renuncia que sea concreta y lleve a modificar estilos de vida. Eso difícilmente puede lograrlo la política. Pero sí una instancia que toque la conciencia, que esté cerca de la persona individual y que no se limite a convocar manifestaciones aparatosas, sino a promover actitudes fundamentales. El ámbito universitario es un espacio sustancial en este sentido. Este reconocimiento no ignora la necesidad de corregir al mismo tiempo aquellos aspectos del quehacer universitario que consideramos perjudiciales, como los intentos de reducir su horizonte a la investigación o a una estrecha visión de la docencia que ignora la educación del carácter de los estudiantes.

Es clara, pues, la necesidad de una educación transformacional en la universidad, que permita aunar los aspectos que venimos señalando: su misión social, la construcción de una cultura más humana, el logro de un progreso ético que responda a necesidades humanas concretas, y abierta a un debate constructivo. Una educación superior transformadora implica la integración de los tres elementos (docencia, investigación y acción social) con el fin de lograr una transformación personal que será el medio para un cambio social a mejor, más amplio y duradero. Un ejemplo elocuente es el movimiento de promoción del aprendizaje-servicio en las últimas décadas, que en el fondo apunta a la propuesta y la defensa de la dignidad y los derechos sociales, económicos y políticos de todos los ciudadanos, con mayor motivo de los más vulnerables.

Las actividades de aprendizaje-servicio «consisten en un proyecto único que atienden a dos objetivos claros: formar al alumnado como futuro ciudadano, poniéndolo en contacto mediante la práctica con situaciones y necesidades del territorio, y aprovechar el contexto social para una más completa formación de los estudiantes en la disciplina o carrera que estén cursando. De esta forma se contribuye a que el estudiante no separe su formación ciudadana de su función profesional» (Martínez, 2016, p. 148). Esta metodología innovadora «supone la integración de material académico, actividades de servicio relevantes, y reflexión crítica en un *partenariado* recíproco que implica a estudiantes, profesores, gestores y miembros de la comunidad, con el propósito de conseguir objetivos de aprendizaje académico, cívico y personal en una perspectiva de bien público» (Bringley y Clayton, 2012, p. 105). Su aplicación implica modificar programas y planteamientos de enseñanza a favor del aprendizaje del alumnado; desarrollar una metodología activa y participativa capaz de traspasar los muros del aula y desarrollarse en diversos contextos. Además, está basada en aprendizajes funcionales para el alumnado, favoreciendo la reflexión y el sentido crítico (Pegalajar y Cámara, 2014).

Desde un punto de vista metodológico, podemos decir que el aprendizaje-servicio combina dos métodos propios de las pedagogías activas: el aprendizaje a través de la experiencia y la acción al servicio de la comunidad. Como Castle y Osman (2003) señalan, el aprendizaje-servicio ofrece oportunidades de integrar aprendizaje, investigación y divulgación, a la par que ofrecer un servicio, intensificando el propósito social de la educación.

Ambos elementos, aprendizaje y servicio, son claves para entender qué es el aprendizaje-servicio. Al solaparse, generan una nueva realidad a la que se añade la reflexión como elemento de unión que enriquece el significado de la experiencia (Campo, 2008). Si se logra establecer una relación recíproca entre ambos componentes, el aprendizaje académico incidirá en la prestación de un servicio de calidad a la comunidad, y a su vez, el servicio permitirá fortalecer y dotar de mayor recorrido y significatividad el aprendizaje de los estudiantes, aportando ventajas tanto al alumnado como a la propia comunidad ya que se proporcionan mejoras a nivel cognitivo y social (Santos-Rego y Lorenzo, 2018; Mella-Nuñez et al., 2015).

La Conferencia de Rectores de las Universidades Españolas ha manifestado su consideración del aprendizaje-servicio como una metodología docente idónea para el desarrollo de competencias referentes a la sostenibilidad y responsabilidad social universitaria. Instaban a desarrollar acciones que promuevan la institucionalización del aprendizaje-servicio como estrategia clave para una educación de calidad que cumpla con los principios de una universidad comprometida con la realidad social y el desarrollo sostenible (CADEP, 2015). También lo es para fomentar programas y proyectos que acerquen las universidades a las empresas y a la sociedad, contribuyendo a que la universidad acometa de forma transversal su misión de formar integralmente a los futuros profesionales (Eyler y Gilers, 1999). Además, si consideramos el aprendizaje del alumnado, a través de esta metodología se aglutina la adquisición de diferentes competencias básicas o específicas, como son el trabajo en equipo interdisciplinar, las habilidades en las relaciones personales, el compromiso ético o el razonamiento crítico

(ANECA, 2005). Esto lo corroboran diversas investigaciones, al señalar que los principales aprendizajes de los proyectos de aprendizaje-servicio no quedan relegados únicamente a los contenidos, sino que permiten el desarrollo de competencias atendiendo a las diferentes dimensiones de la persona. De este modo Rubio (2009), siguiendo las aportaciones de Furco, de Eyler y Gilers y la propuesta del Centro Promotor de Aprendizaje Servicio de Cataluña, señala que el aprendizaje-servicio permite el desarrollo de las siguientes competencias:

- *Competencias personales*: autoconocimiento, autoestima, autonomía, compromiso, responsabilidad, esfuerzo, liderazgo, resiliencia.
- *Competencias interpersonales*: comunicación, empatía, diálogo, sentimiento de pertenencia a la comunidad, resolución de conflictos, hábitos de convivencia.
- *Competencias para el pensamiento crítico*: curiosidad, análisis y síntesis de la información, revisión de causas y consecuencias, comprensión crítica y juicio reflexivo, superación de prejuicios, toma de decisiones.
- *Competencias para la realización de proyectos*: imaginación, creatividad, trabajo en equipo, reflexividad en los procesos, conclusiones y posibilidades de mejora, difusión y transferencia de ideas y proyectos.
- *Competencias para la ciudadanía y la transformación social*: conciencia y comprensión de cuestiones sociales y acciones políticas, participación en la comunidad, compromiso, responsabilidad ciudadana.
- *Competencias vocacionales y profesionales*: conciencia de las opciones vocacionales, habilidades profesionales, preparación para el mundo del trabajo, compresión de la ética del trabajo.

El Real Decreto 96/2014, de 14 febrero, por el que se establece el marco Español de Cualificaciones para la Educación Superior, prevé como un resultado de aprendizaje la capacidad de los estudiantes de hacer reflexiones de naturaleza ética en su campo de estudio. La previsión de resultados de aprendizaje de esta naturaleza supone concebir a la universidad, también, como un espacio de aprendizaje ético. Esta realidad, sin duda, conlleva la necesidad de definir estrategias, como las presentes en el aprendizaje-servicio, que lo hagan posible.

En España se ha aprobado recientemente una nueva ley universitaria (LOSU, 2023) en la que se recuerda una verdad fundamental: la misión social que la universidad tiene. En ella se señala la necesidad de que las universidades promuevan un desarrollo económico y social equitativo, inclusivo y sostenible que pueda favorecer la creación de empleo de calidad y mejorar los estándares de bienestar del territorio en el que se ubiquen. A tal efecto, reforzarán la colaboración con las administraciones locales y con los actores sociales de su entorno mediante los proyectos de ciencia ciudadana y de aprendizaje-servicio, entre otros mecanismos (artículo 18,4). Y entre los derechos de los estudiantes relativos a la actividad económica está favorecer la compatibilidad de su participación en actividades universitarias de mentoría, aprendizaje-servicio, ciencia ciudadana, culturales, deportivas, de representación estudiantil, asociacionismo universitario, solidarias, de cooperación y de creación de nuevas iniciativas sociales y empresariales (artículo 33, k).

Nadie duda de la misión social que la universidad tiene. Será cada institución quien deberá concretar los modos de afrontar el quehacer universitario para perseguir y lograr certeramente esa misión. Como hemos señalado, el aprendizaje-servicio es una metodología docente idónea para el desarrollo de competencias referentes a la sostenibilidad y responsabilidad social universitaria. Pasamos a considerar el impulso que esta metodología está teniendo en la Universidad de Navarra.

El caso de la Universidad de Navarra

En las dos últimas estrategias de la Universidad de Navarra, el «Horizonte 2020» y «Estrategia 2025», se ha apostado por impulsar la metodología del aprendizaje-servicio dentro del eje de educación transformadora y docencia innovadora. Los fundamentos pedagógicos, sociales y éticos que caracterizan el aprendizaje-servicio hacen de esta metodología un adecuado espacio de aprendizaje para el logro de competencias académicas, profesionales y sociales en los estudiantes. El objetivo fundamental de su implementación es lograr que los estudiantes de grado y posgrado desarrollen cualidades que hagan de ellos ciudadanos responsables, con profundidad de pensamiento, espíritu crítico y perspectiva internacional, capaces de entender su trabajo como un servicio a los demás y a la sociedad.

En el «Horizonte 2020» la Universidad de Navarra se propuso lograr que el aprendizaje de los estudiantes sea íntegro y profundo. Para ello, se promovió el empleo de diferentes metodologías que ayuden al alumno a conectar sus conocimientos y habilidades, se implique en las necesidades de la sociedad y responda a las cuestiones que ésta demanda. En ese tiempo, entre otras, se impulsó la metodología del aprendizaje-servicio[1].

En la actualidad, la «Estrategia 2025» se propone contribuir a la resolución de los desafíos que la sociedad plantea mediante su trabajo investigador, docente y asistencial, y en colaboración con otras personas e instituciones. El desarrollo sostenible y el cuidado de las personas y del entorno son la referencia para la orientación de sus proyectos. Dentro del eje de educación transformadora y docencia innovadora consta que se impulsarán iniciativas docentes como el aprendizaje-servicio[2].

Los fundamentos pedagógicos, sociales y éticos que caracterizan el aprendizaje-servicio hacen de esta metodología un adecuado espacio de aprendizaje para el logro de competencias académicas, profesionales y sociales en los estudiantes. El objetivo fundamental de su implementación es lograr que los estudiantes de grado y posgrado desarrollen cualidades que hagan de ellos profesionales conscientes de su entorno, capaces de aplicar sus conocimientos en la resolución de problemas sociales y ambientales, lo cual concuerda con los principios de sostenibilidad y responsabilidad social. Más concretamente, el eje «Docencia 360» descrito en la *Estrategia 2025* fija como indicador de logro los reportes de las asignaturas resultado de la participación de los estudiantes en los proyectos de aprendizaje-servicio impulsados[3].

1. Cfr. Horizonte 2020. Proyectos. Metodologías docentes https://www.unav.edu/web/horizonte-2020/ metodologias-docentes

2. Cfr. Estrategia 2025. Educación transformadora https://www.unav.edu/conoce-la-universidad/estrategia- 2025/educacion-transformadora

3. Cfr. Estrategia 2025. Educación transformadora. Docencia 360 https://www.unav.edu/conoce-la- universidad/estrategia-2025/educacion-transformadora/docencia-360

Para fomentarlo en la comunidad universitaria se creó en 2017 un grupo promotor. Su principal cometido es potenciar y apoyar distintas acciones de aprendizaje-servicio en el marco curricular. Para ello se han emprendido actuaciones que den a conocer la metodología en los centros, impulsen la formación del profesorado y reconozcan la labor de los docentes y estudiantes que participan en las actividades.

Entre las acciones llevadas a cabo por el grupo promotor están la creación del sello de aprendizaje-servicio, como elemento distintivo en las asignaturas que lo implementan; formar parte de la Red Navarra de aprendizaje-servicio; organizar seminarios de formación e intercambio de experiencias entre el profesorado o participar en congresos y jornadas para la difusión de los proyectos. En septiembre de 2022 se firmó un convenio con el Ayuntamiento de Pamplona, la Universidad Pública de Navarra y el centro asociado de la UNED para colaborar en la puesta en marcha de proyectos de aprendizaje-servicio. Destaca también el trabajo desarrollado por investigadores del Grupo de Investigación en Educación, Ciudadanía y Carácter (GIECC)[4] de la Facultad de Educación y Psicología que, junto con otras universidades españolas investigan sobre esta metodología, desde 2014, en el marco de tres proyectos de investigación competitivos.

La Universidad de Navarra cuenta con tres recursos importantes que facilitan la realización de proyectos de aprendizaje-servicio. En primer lugar, el Servicio de Prácticas y Empleo[5], para el establecimiento de convenios de colaboración con las entidades sociales. En segundo lugar, el Servicio de Planificación y Mejora de la Docencia[6], que presta una ayuda valiosa en el diseño e implementación del programa de formación. Por último, Tantaka[7], un banco de tiempo solidario que trata de poner tiempo de los integrantes de la comunidad universitaria a disposición de las organizaciones sociales.

---

4. Cfr. Grupo de Investigación en Educación, Ciudadanía y Carácter https://www.unav.edu/web/educacion -ciudadania-y-caracter

5. Cfr. Servicio de Prácticas y Empleo https://www.unav.edu/web/practicas-y-empleo

6. Cfr. Servicio de Planificación y Mejora de la Docencia https://www.unav.edu/web/calidad-e-innovacion

7. Cfr. Tantaka https://www.unav.edu/web/tantaka

En los últimos cinco años se han implementado, en 10 Facultades de la Universidad de Navarra, un total de 44 prácticas de aprendizaje-servicio. Los logros organizativos a nivel institucional, así como la valoración de los profesores implicados, permiten concluir que la introducción de prácticas de aprendizaje-servicio en los grados universitarios de la Universidad de Navarra conlleva un impacto en el aprendizaje competencial de los estudiantes y un aumento de su responsabilidad para con el entorno social.

A los profesores que en sus asignaturas tienen el sello de aprendizaje-servicio se les solicita realizar una memoria al final del curso académico. La valoración del profesorado implicado, tras aplicar el aprendizaje-servicio, destaca el beneficio para el alumnado del componente motivacional y el mayor interés por el contenido de la asignatura. Los estudiantes mejoran las calificaciones y desarrollan estrategias y habilidades útiles para el futuro profesional, como las habilidades de comunicación. En cuanto a las competencias sociales y destrezas cívicas, podemos ver en el Gráfico 1 como los profesores señalan que los estudiantes desarrollan, principalmente, estrategias de comunicación, resolución de conflictos y sensibilización por la causa en la que se coopera.

GRÁFICO 1

Competencias sociales y destrezas cívicas desarrolladas por los estudiantes

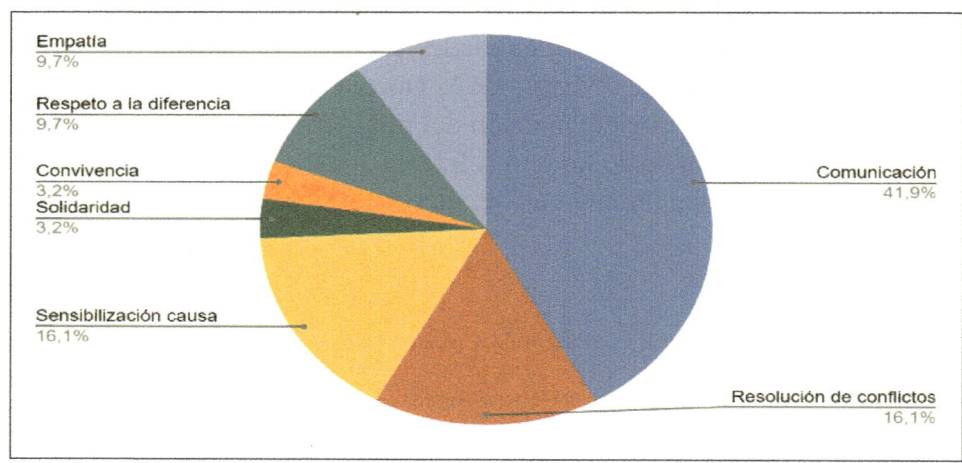

Nota. Elaboración propia

Si nos referimos a las competencias profesionales, los profesores señalan que los estudiantes aprenden a trabajar en equipo, a tomar decisiones o mejoran su iniciativa y reflexión, entre otras. En el Gráfico 2 podemos ver las competencias profesionales desarrolladas por los estudiantes en sus prácticas de aprendizaje-servicio.

GRÁFICO 2

Competencias profesionales desarrolladas por los estudiantes

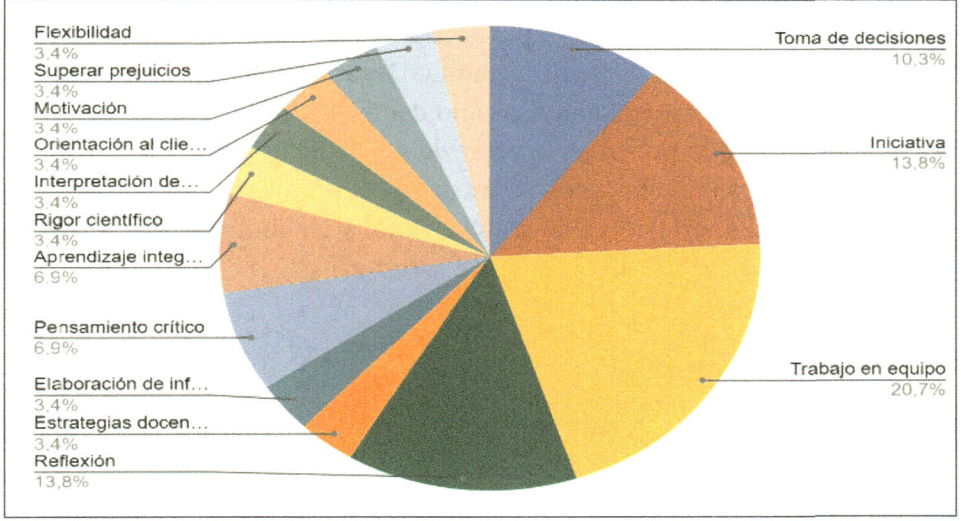

Nota. Elaboración propia

Entre las variables que predicen su implementación por parte del profesorado está, sin duda, el acuerdo con la misión social que tiene la universidad. También el interés del docente por incluir en su docencia actividades innovadoras centradas en el aprendizaje del alumno y en estrategias colaborativas, así como en alentar la participación y el papel activo del estudiante.

En cuanto al impacto en la institución universitaria, destacamos que las prácticas de aprendizaje-servicio refuerzan la misión social de la universidad y son un aliciente para establecer alianzas con diversas instancias sociales, así como con los organismos e instituciones.

Consideramos que, en estos años, el trabajo realizado ha posibilitado un mayor conocimiento, difusión e implementación de esta metodología entre la comunidad universitaria. En adelante, en colaboración con las facultades y las entidades colaboradoras, esperamos seguir trabajando por la mejora del impacto del aprendizaje-servicio en las entidades y usuarios; y, por supuesto, en la formación de los estudiantes. Nos gustaría incrementar el número de asignaturas con esta metodología. Queremos ayudar a los docentes a detectar necesidades sociales que puedan cubrir dentro de los objetivos curriculares de sus asignaturas. Seguiremos impartiendo formación a todos los agentes implicados y colaboraremos de manera muy estrecha con el servicio de Planificación y Desarrollo del Campus para impulsar proyectos de aprendizaje-servicio dentro de nuestros campus. Entre las aportaciones que podemos esperar de esta pedagogía en la formación de los estudiantes universitarios destacamos: el impulso de una ciudadanía participativa, su aportación a la justicia social y su contribución al reto de la sostenibilidad.

Reflexión final

La metodología del aprendizaje-servicio es reconocida por los educadores como una práctica con un gran potencial pedagógico, en la medida en que ayuda al desarrollo de aprendizajes disciplinares, de habilidades y de valores sociales, vertebrados todos ellos en un único proyecto (Santos Rego, Sotelino y Lorenzo, 2015). Cuenta con numerosos defensores, entre expertos, profesores y miembros de organizaciones comunitarias, que apuestan por la generalización de su uso institucional. Se erige como una metodología que permitirá dotar a estudiantes y participantes de proyectos educativos de nuevas competencias adaptativas indispensables en el momento histórico que nos ha tocado vivir. Consideramos que es una valiosa ayuda para el profesorado de cualquier nivel educativo que busque nuevas formas de orientar sus materias para que, además de aprender contenidos específicos, los estudiantes puedan desarrollar valores cívico-sociales e incorporar aprendizaje competencial (Naval and Arbués, 2017).

La actual situación de fortaleza de la presencia del aprendizaje-servicio en el contexto educativo plantea retos que conviene abordar. Destacamos, entre ellos:

1. La necesidad de establecer una adecuada fundamentación teórica de su dimensión pedagógica. Conviene entender el aprendizaje-servicio como una herramienta pedagógica en el marco de un paradigma educativo basado en la comunidad y no como un simple medio supeditado al servicio.

2. Que logremos argumentar su contribución pedagógica a la visión amplia de la educación para la transformación social.

Francisco Altarejos (2006) expone cómo, desde 1997, la Unión Europea plantea el papel que juega la educación en la resolución de problemas sociales y los objetivos que en 2005 se establecieron: la cohesión social, el entendimiento intercultural, el respeto a la diversidad y los derechos humanos, la promoción de la ciudadanía democrática, etc.; y las competencias clave que la educación debe desarrollar para el logro de tales objetivos. Señala que la misión encomendada es abrumadora. «Realmente, la educación es una ayuda, todo lo valiosa que se quiera, pero nada más que eso; no es ni puede ser una fuente generadora de valores en un entorno social que contradice sus exigencias operativas» (p. 64). Siendo esto cierto y sin dejar de agradecer el realismo que estas palabras encierran, consideramos que el más valioso servicio que puede prestar la universidad consiste en contribuir a edificar con solidez los saberes humanos, ofrecer una visión serena, objetiva y ponderada de las diversas realidades y cuestiones, formar hombres profesionalmente bien preparados, enamorados de la verdad, la libertad y la justicia, habituados al estudio, al razonamiento, con mente abierta y con respeto y comprensión hacia las opiniones distintas de las suyas, con espíritu de solidaridad social y servicio (Ponz, 1988, p. 630).

Los proyectos de aprendizaje-servicio pueden ser importantes estrategias que revitalicen esa participación social con la colaboración de diversas entidades sociales, culturales y empresas, en áreas y servicios de diferente tipo. Organizaciones no gubernamentales, instituciones de beneficencia, asociaciones de ciudadanos, asociaciones vecinales, federaciones y asociaciones civiles, congregaciones religiosas o clubes sociales son, entre otras, entidades susceptibles de colaborar con la institución universitaria en la puesta en marcha de proyectos de aprendizaje-servicio. La variedad de colaboraciones y servicios realizados a través de estos proyectos posibilita que, en ocasiones, los estudiantes contribuyan directamente a la mejora de una realidad social concreta. Sin duda uno de los mayores desafíos es, precisamente, establecer esa adecuada relación de colaboración y entendimiento con las instancias sociales, de forma que se consolide una voluntad de acción social conjunta. La incorporación a las aulas de cuestiones sociales y comunitarias relevantes implica avanzar hacia una visión más comunitaria y completa, en la que los estudiantes se sientan parte de las cuestiones planteadas desde una visión ciudadana responsable socialmente (Moreno-Fernández y García-Pérez, 2018).

REFERENCIAS

Altarejos, F. (2006). Ciudadanía democrática e identidad europea: un escollo para la educación. En C. Naval y M. Herrero (Eds.), *Educación y ciudadanía en una sociedad democrática* (pp. 61-77). Encuentro.

ANECA (2005). *Libro blanco para el título de grado en Magisterio.* Agencia Nacional de Evaluación de la Calidad y Acreditación.

Arbués, E. y Naval, C. (2020). La educación cívica en España. Cinco últimas décadas de vicisitudes legislativa. *Cuestiones Pedagógicas, 2*(29), 92-103. https://doi.org/10.12795/CP.2020.i29.v2.07

Briceño A. (2011). La educación y su efecto en la formación de capital humano y en el desarrollo económico de los países. *Apuntes del Cenes, 51*(30), 45-59.

Bringle, R. y Clayton, P. (2012). Civic education through service-learning: what, how, and why? En L. McIlrath, A. Lyons, y R. Munck (Eds.), *Higher education and civic engagement. Comparative perspectives* (pp. 101-124). Palgrave.

CADEP (2015). *Institucionalización del Aprendizaje-Servicio como estrategia docente dentro del marco de la Responsabilidad Social Universitaria para la promoción de la Sostenibilidad en la Universidad.* Documento Técnico aprobado por el Comité Ejecutivo y el Plenario de la Comisión de Sostenibilidad. CADEP-CRUE.

Campo, L. (2008). El aprendizaje servicio en la universidad como propuesta pedagógica. En M. Martínez (Ed.), *Aprendizaje servicio y responsabilidad social de las universidades* (pp. 81-91). Octaedro.

Castle, J., y Osman, R. (2003). Service learning in teacher education: an institutional model for an emerging practice. *South African Journal of Higher Education, 17*(1), 105-111. https://www.researchgate.net/ publication/272338019_Service_ learning_in_teacher_education_an_ institutional_model_for_an_emerging_practice#full-text

Delors J. (Coord.), (1996). *La educación encierra un tesoro*. Santillana-Unesco.

Eyler, J. y Gilers, D. E. (1999). *Where´s the Learning in Service-Learning?* Jossey-Bass.

García Garrido J. L. (1971). *Los fundamentos de la educación social*. Emesa.

Ibañez-Martín J. A. y Fuentes J. L. (Eds.), (2017). *Educación y capacidades: hacia un nuevo enfoque del desarrollo humano*. Dykinson.

Loader B. D. (Ed.), (2007). *Young Citizens in the Digital Age: Political Engagement, Young People and New Media*. Routledge.

Ley Orgánica 2/2023, de 22 de marzo, del Sistema Universitario. (BOE nº 70, de 22 de marzo de 2023). https://www.boe.es/buscar/act. php?id=BOE-A-2023-7500

Martínez, M. (2016). Responsabilidad social de la universidad en el marco de la sociedad abierta. En M. A. Santos Rego (Ed.), *Sociedad del conocimiento. Aprendizaje e innovación en la universidad* (pp. 140-153). Biblioteca Nueva.

McCowan, T. (2009). *Rethinking Citizenship Education: a Curriculum for Participatory Democracy*. Continuum.

Mella-Nuñez, I., Santos-Rego, M. A. y Malheiro-Gutiérrez, X. M. (2015). Aprendizaje-Servicio y rendimiento académico del alumnado universitario. *Revista de Estudios e Investigación en Psicología y Educación, 12*, 35-39. http://hdl.handle.net/10347/20158

Moreno-Fernández, O. y García-Pérez, F. F. (2018). Escuela y desarrollo comunitario. *Revista Mexicana de Investigación Educativa, 23*(78), 905-935. https://idus.us.es/handle/11441/85091

Naval, C. (2000). *Educar ciudadanos*. Eunsa.

Naval, C. y Arbués, E. (2017). El aprendizaje-servicio en la educación superior: las competencias profesionales. En J. A. Ibáñez-Martín, y J. L. Fuentes (Eds.), *Educación y capacidades: hacia un nuevo enfoque del desarrollo humano* (pp. 189-207). Dykinson.

Naval C. y Arbués E. (2018). *Hacer la universidad en el espacio social.* Eunsa.

Pegalajar, M. C. y Cámara, A. M. (2014). Aprendizaje-servicio: una propuesta pedagógica para la formación en competencias en la educación superior. *Revista Educativa Hekademos, 16*(7), 83-90.

Pérez Juste, R. (2007). Educación, ciudadanía y convivencia. Diversidad y sentido social de la educación. *Bordón, 59*(2-3), 239-260. https://recyt. fecyt.es/index.php/ BORDON/article/view/36508/20165

Ponz, F. (1988). *Reflexiones sobre el quehacer universitario.* Eunsa.

Print, M. y Milner, H. (Eds.), (2009). *Civic Education and Youth Political Participation.* Sense Publishers.

Real Decreto 96/2014, de 14 de febrero, por el que se modifican los Reales Decretos 1027/2011, de 15 de julio, por el que se establece el Marco Español de Cualificaciones para la Educación Superior (MECES), y 1393/2007, de 29 de octubre, por el que se establece la ordenación de las enseñanzas universitarias oficiales (BOE nº 55, de 5 de marzo de 2014). https://www.boe.es/buscar/ doc.php?id=BOE-A-2014-2359

Rubio, L. (2009). El aprendizaje en el aprendizaje servicio. En J. M. Puig (Coord.), *Aprendizaje Servicio (ApS). Educación y compromiso cívico* (pp. 91-106). Graó.

Santos Rego, M. A., Sotelino, A. y Lorenzo, M. (2015). *Aprendizaje-servicio y misión cívica de la universidad: una propuesta de desarrollo.* Octaedro.

Santos-Rego, M. A. y Lorenzo, M. (Eds.), (2018). *Guía para la institucionalización del aprendizaje-servicio en la universidad.* Universidad de Santiago de Compostela.

Unesco (2009). *Conferencia Mundial sobre la Educación Superior: La nueva dinámica de la educación superior y la investigación para el cambio social y el desarrollo.* París. https://unesdoc.unesco.org/ ark:/48223/pf0000183277_spa

Vallaeys, F. (2014). La responsabilidad social universitaria: un nuevo modelo universitario contra la mercantilización. *Revista Iberoamericana de Educación Superior*, *12*(5), 105-117.

Villa, L. (2001). *Economía de la educación*. Universidad de los Andes.

LA EDUCACIÓN LIBERAL, CAUCE DE UNA EDUCACIÓN TRANSFORMADORA

Concepción Naval
(Universidad de Navarra)

Mónica Argemí
(Universidad Internacional de Catalunya)

Es un hecho constatable que vivimos en un tiempo de incertidumbre que está afectando a la confianza en las instituciones. Lo estamos viendo en todos los sectores de actividad y también en las universidades. Autores como Stefan Collini sostienen que las universidades atraviesan un momento de cierta desorientación, en un escenario global, dinámico y altamente competitivo. Cada vez son más compromisos los que se exigen a las universidades: conservar y generar conocimiento, transferir innovación a la sociedad, educar a las generaciones jóvenes, facilitar la inserción laboral, promover causas sociales (cfr. Collini, 2017).

Pero esto no es nuevo: hace ya cincuenta años Clark Kerr habló de la *multiversity* como el síndrome que caracteriza a las universidades en la época contemporánea (Fernandez-Gubieda, 2023). Una multiversidad de fines y compromisos que puede erosionar la identidad de las universidades (Kerr, 2001).

En estas circunstancias, las instituciones universitarias tenemos la tarea de cultivar su propósito cada día, extremar la calidad de su rendimiento académico e investigador, cuidar la relación con nuestro ambiente, sociedad más próxima y lejana, ejercer la cultura de la escucha y contribuir al bien común en su entorno más cercano. En definitiva, tratar de hacer las cosas bien y saber comunicarlas.

Las universidades también conviene que estén atentas a averiguar si están cumpliendo las expectativas que se tienen sobre ellas. Y es que:

> son comunidades con múltiples públicos: profesores, investigadores, estudiantes, familias, antiguos alumnos, empresas, donantes, comunidades locales, agencias reguladoras, gobiernos, medios de comunicación. Se trata de que la Universidad cumpla su misión hacia cada uno de estos públicos, y eso es ciertamente exigente (Fernández-Gubieda, 2023).

Pero ¿cuál es la misión de la universidad? Es una pregunta tan elemental que produce cierto sonrojo plantearla, pero pensamos que conviene hacer patente lo obvio, indagar en lo básico, para pensarlo con más calma y vivirlo con más fuerza y pasión (Torralba, 2013; 2017).

El contenido de este capítulo, tras una breve introducción sobre la dimensión transformadora de la educación, trata de tres cuestiones. En primer lugar, de algunas ideas en torno a una educación liberal, para después describir cómo se ha aterrizado esta cuestión en la Universidad de Navarra (España) a través del Instituto Core Curriculum (ICC). Antes de las reflexiones finales hacemos una reflexión sobre cómo un programa de educación liberal puede ser cauce para una educación transformadora.

Nuestra tesis es que la educación liberal que se promueve y es objetivo de los programas del ICC de la Universidad de Navarra, es impulsora del compromiso intelectual y social de los estudiantes universitarios.

SOBRE LA EDUCACIÓN TRANSFORMADORA. UNA INTRODUCCIÓN

Es corriente utilizar en la actualidad el adjetivo transformativo o transformador para referirse a actividades educativas. Por ejemplo, encontramos expresiones tales como: aprendizaje transformador, experiencia transformativa, liderazgo educativo transformador, aula transformadora o pedagogía transformativa. También es frecuente encontrar mensajes como que una adecuada educación tiene que ser transformadora, de individuos, grupos humanos, climas, sociedades. Así se enfoca, la educación para la justicia, la educación para el desarrollo sostenible, la educación para la ciudadanía, la educación para el florecimiento.

Al tiempo que se extiende esta perspectiva en la educación, han surgido un conjunto sustancial de estudios sobre la educación transformadora, basados en investigaciones teóricas y aplicadas, de los que surge un discurso pedagógico que es interesante abordar y que gira en torno a algunas cuestiones tales como:

- ¿Es la educación transformadora un nuevo enfoque de la educación?
- ¿Es más eficiente una pedagogía transformativa?
- ¿Es ética una educación transformadora que influya o cambie a las personas?

Yacek (2021), autor que ha realizado un estudio extenso sobre la educación transformativa, argumenta el interés del tema, al contemplar que la designación de acción transformativa se ha convertido en una retórica de numerosos discursos políticos, psicológicos y educativos. Con ironía comenta que tiene la impresión de que el famoso oráculo de Delfos, *conócete a ti mismo*, se ha sustituido por el de *transfórmate a ti mismo*. Al mismo tiempo confirma que la idea de la educación transformadora se aplica a muchos campos educativos como son la psicología educativa, la educación para la justicia social, la educación de adultos, la educación escolar, la educación superior.

La nota común de estas extensiones de la educación transformadora es contar con la experiencia para cambiar, para transformarse y capacitarse para promover acciones que promuevan el cambio en personas y contextos –social, cultural y ambiental–. Los cambios son de distinta índole: epistemológicos, de creencias, valores, actitudes, preferencias, etc. Se trata de ver en la experiencia, el medio o la oportunidad educativos, para que una persona cambie en algo y se decida a actuar de un modo diferente, que le ayude a mejorar. Se transforma el educando, pero es el educador quien puede suscitar esas experiencias transformadoras.

UNA EDUCACIÓN LIBERAL

En la primera década del siglo XXI los programas de educación liberal han alcanzado un cierto nivel de expansión. Actualmente, la educación liberal o a veces denominada general se considera un elemento central en la educación superior en las universidades de Estados Unidos (Markowitz, 2015) y está presente en los cinco continentes (Godwin, 2015). Un elevado número de universidades y *colleges* disponen de cursos, organizados con nombres y de modos diversos, aunque responden a un mismo concepto paraguas: una educación liberal.

La comprensión del fenómeno de la educación liberal y la interpretación de lo esencial en estos programas no es homogénea. Tampoco parecen estar definidas las metodologías, estrategias y prácticas docentes más idóneas en estos programas.

En una revisión sistemática de la literatura sobre educación liberal (2010-2020) (Argemí, 2023a) se descubrió la conveniencia de indagar y replantear metodologías y contenidos de este modelo educativo, en la búsqueda de su propósito original y mejorar su fecundidad educativa.

La universidad tiene una misión formativa innegable en los estudiantes, más allá de la formación profesional que los estudios permiten. Una formación cultural que permite y hace posible, la formación moral.

Una de las definiciones que se pueden atribuir a una educación liberal es la de que se trata de una educación basada en la búsqueda de la verdad y en la integración del conocimiento. Y, aunque una educación liberal no se defina por el contenido del currículo ni por la didáctica utilizada, estos dos aspectos son importantes. De hecho, la educación liberal suele contener una formación humanística y en todo caso es siempre interdisciplinar.

Es una educación que considera la mejora del alumno como un bien en sí mismo. Capacita a la persona, es decir, le prepara para vivir con libertad y responsabilidad, en una sociedad en constante cambio.

Sin embargo, el concepto de educación liberal ha sufrido en los últimos siglos una crisis identitaria. Razón que motiva a indagar en ella, aunque aquí, ahora, no será posible una mayor extensión (cfr. Argemí, 2023b).

EL INSTITUTO CORE CURRICULUM EN LA UNIVERSIDAD DE NAVARRA

Con el fin de impulsar la formación humanística, la Universidad de Navarra ofrece a sus alumnos y profesores una serie de medios a través de 3 áreas:

a) *La docencia: el core curriculum*

El Core Curriculum es el conjunto de asignaturas transversales incluidas en todos los Grados de la Universidad de Navarra.

Por medio de ellas se pretende ofrecer una educación humanista, fomentar el espíritu de solidaridad, así como desarrollar la capacidad crítica para formar con libertad las propias convicciones.

Son 18 créditos de diversas materias:

En el primer curso: Antropología (asignatura anual de 6 créditos)

Durante el segundo curso: Ética (asignatura anual de 6 créditos)

En segundo, tercero y cuarto curso: cursan Claves Culturales (6 créditos): 2 asignaturas de 3 créditos a elegir entre las ofertadas por cada centro para sus alumnos.

b) *Las acciones formativas para profesores e investigadores*

El Instituto Core Curriculum colabora con las Facultades y el Rectorado en la formación de los profesores de la Universidad de Navarra por medio de:

1. La organización del Programa DOCENS para el profesorado en formación.
2. La formación continua del profesorado de toda la Universidad mediante jornadas, seminarios y simposios, en los que se fomenta la reflexión interdisciplinar sobre cuestiones humanísticas impulsando el diálogo entre el cristianismo y la cultura contemporánea.
3. Facilitando la labor docente de los profesores que imparten asignaturas del Core Curriculum, por medio del intercambio de experiencias, la organización de seminarios, jornadas y congresos, así como la elaboración de materiales docentes.

c) *Acciones para apoyar la identidad de la Universidad*

La institución universitaria nació en Europa entre los siglos XII y XIII como una comunidad de profesores y alumnos en búsqueda de la verdad, con una visión universal del saber, en un clima de libertad.

A lo largo de la historia, la Universidad ha experimentado muchas transformaciones, pero su núcleo identitario se mantiene en las universidades que lo cultivan.

Parte de la misión del Instituto Core Curriculum es impulsar entre los profesores, los alumnos y los empleados de la Universidad de Navarra una cultura reflexiva sobre la identidad de la institución universitaria. Plantear qué es la Universidad y cómo afrontar los retos del futuro manteniéndose fiel a lo más constitutivo de ella.

Para ello el Instituto promueve entornos de reflexión (seminarios, conferencias y publicaciones), acerca de la identidad y misión de la Universidad, su función social, la búsqueda de la verdad y la interdisciplinariedad, la formación de los alumnos, la investigación, etc.

No hay oportunidad para hablar con más de detalle del Programa DOCENS. Tan sólo algunas cuestiones y un complemento en anexos.

Este programa tiene como objetivo proporcionar a todos los profesores que se incorporan los recursos formativos necesarios para ejercer la docencia en la Universidad de Navarra. Con ese fin, se abordan tanto aspectos institucionales, derivados de la naturaleza de la universidad y de las características de la educación superior, como temas referidos a las capacidades y conocimientos necesarios para que un profesor realice adecuadamente su tarea educativa. Asimismo se ocupa de las cuestiones metodológicas e instrumentales de la docencia.

El punto de partida del programa es la dimensión docente del profesor universitario. La actividad docente se toma como el principio unificador de las diversas tareas que desempeña un profesor.

DOCENS está dirigido principalmente al profesorado en formación de la Universidad de Navarra. Tiene una duración de dos cursos académicos. El Programa incluye diversos tipos de actividades: participación en seminarios, asistencia a conferencias, lecturas y conversaciones. Predominan las actividades de carácter participativo, que faciliten el estudio y la reflexión.

El programa DOCENS lo organizan conjuntamente el Vicerrectorado de Profesorado y el Instituto Core Curriculum, que prepara las sesiones presenciales, así como los materiales y bibliografía del curso. Colaboran también el Vicerrectorado de Ordenación Académica y el Servicio de Calidad e Innovación, especialmente para el Bloque de metodología docente. Cada Facultad o Escuela ofrece un mentor a los profesores, contribuye al desarrollo del programa y organiza una sesión sobre el proyecto formativo específico de los alumnos de cada centro académico.

A cada participante se le entrega un certificado en el que se refleja la dedicación y contenidos del programa, que podrá utilizar en la acreditación de la formación para la docencia. En anexo se incluyen los contenidos del programa y una bibliografía relevante.

UNA EDUCACIÓN TRANSFORMADORA A TRAVÉS DE UN PROGRAMA DE EDUCACIÓN LIBERAL

La educación liberal ha sido considerada desde sus orígenes una educación destinada a preparar al joven para ser un buen ciudadano. Con ello nos referimos al concepto socrático de *an examined life* y a la noción aristotélica de formar ciudadanos reflexivos, que sepan actuar como ciudadanos del mundo. Se trata de una educación para la vida. Naturalmente, aunque se subraya el cultivo intelectual, se propone suscitar ciudadanos de conducta virtuosa, que sepan tomar conciencia de las cuestiones que atañen al mundo en su globalidad. O, con palabras de Marta Nussbaum, «que puedan funcionar con sensibilidad» (Nussbaum, 2010).

Los principios que inspiran la creación del *Core Curriculum* a principios del siglo XX también cuentan con cubrir la educación moral, además de la puramente intelectual (Bell, 1966). Robert Maynard Hutchins, que impulsó denodadamente la implementación de un *Core Curriculum* en la Universidad de Chicago –de la que fue presidente (1929-1945)– tenía el convencimiento de que esta formación ayudaría al alumno en su propia vida y en la de las sociedades. La selección de las obras que serían materia de estudio –los *great books of the Western World*– cubría todas las áreas del conocimiento de manera que facilitaba al alumno la comprensión de las realidades humanas y del mundo y le preparaba para una formación especializada, como explica él mismo en *Higher Learning in América* (Hutchins, 1974).

Aunque no faltan en la actualidad quienes se cuestionan la misión de la educación liberal, se sugiere la conveniencia de plantear si el modo en que esta educación liberal se imparte puede haber causado una pérdida de fuerza en su impacto educativo. Por ello, más que dudar de su eficacia, se sugiere repensar su propósito y actualizar el modo de llevarla a cabo, con el fin de recuperar su fin genuino (Bussey, 2014; Cantor et al., 2013; Chávez-Reyes, 2010; Hadzigeorgiou, 2019). Por eso, algunos refieren la necesidad de rescatar el significado filosófico de esta educación y recuperar así su valor original. Nos referimos a la virtualidad de una educación liberal –entre otras cosas– para promover en el alumnado el cuestionamiento sobre temas existenciales y los hábitos intelectuales (Arcilla, 2014; Donnelly, 2017). También se apunta a la recuperación de algunos aspectos que estuvieron en sus orígenes. Por ejemplo, la necesidad de que esta educación capacite a los alumnos para entender la realidad de manera que se les facilite o posibilite ser más libres y estar en mejores condiciones para alcanzar la felicidad (Lutz, 2018).

En todo caso, la educación liberal se considera una educación transformadora y esta cualidad la distingue de muchas formas de educación, como las conocidas como *training*, *informing* y otras que se confunden actualmente con lo que es la educación liberal. La educación liberal va más allá de entrenar en habilidades o enseñar procedimientos. Educar es arte y ciencia que ayuda al alumno a hacer las cosas porque son buenas en sí mismas, no por su simple utilidad. Esta realidad transformadora de la educación liberal la distingue de otras formas de educación (Rowe, 2015; Scott, 2014).

En efecto, es previsible que la eventual capacidad transformadora de esta educación pase por una reflexión sobre su propósito y las cualidades que hacen de esta educación un camino para ayudar a crecer al estudiante de manera holística o integral.

Recientemente se ha llevado a cabo un estudio Delphi sobre la identidad de una educación liberal: su definición, objetivos, metodologías, prácticas docentes y perfil del profesorado (cfr. Argemí, 2023b). Es un estudio extenso, del que exponemos a continuación algunas de las conclusiones, junto a contribuciones de otros autores que ejemplifican lo que se quiere decir. Tomar en consideración la opinión consensuada de los expertos, podría ser acertado en la creación de un programa de este tipo, para que esta educación sea realmente fecunda.

Algunos aspectos considerados esenciales de la educación liberal –como ya hemos comentado– es que se trata de una educación que va más allá del conocimiento y cuyo propósito es una educación para la vida. En efecto, una educación liberal adecuadamente entendida ayuda a formular juicios de modo recto y amplio y capacita para discernir aquellos caminos que pueden contribuir o no a la vida genuinamente humana (Guerra, 2013). Uno de los elementos principales es precisamente el fomento del hábito o actitud intelectual, que es la capacidad de juzgar (Torralba, 2014). Otras contribuciones específicas de esta educación son las siguientes: educación del carácter, *human flourishing*, crecimiento humano, plenitud humana, desarrollo de capacidades moralmente relevantes, educación holística y educación para una vida plena.

De este tipo de educación se derivan, por ejemplo, beneficios tales como el logro de la sabiduría práctica, la *phronesis* de los clásicos (Kristjánsson, 2015). Los estudiantes desarrollan así la conciencia crítica y otros hábitos intelectuales que les conducen a determinar el curso de acción más correcto en y a través de las particularidades de su vida (Rowe, 2015).

La educación liberal tiene la característica de ser una educación interdisciplinar, de manera que proporciona a los alumnos la capacidad de aproximarse a la verdad desde un amplio abanico de perspectivas analíticas (científicas, artísticas, humanistas, cuantitativas y cualitativas). Uno de los intelectuales de referencia en esta materia es John Henry Newman. En su obra *Idea of a University* habla del conocimiento como un todo; para Newman las ciencias constituyen distintas ramas interrelacionadas de ese único conocimiento. Y todas ellas confluyen en la verdad que es el fin común. Es preciso reconocer estas relaciones, para hacerse cargo de los distintos prismas desde los que aproximarse a la verdad y tratar de contemplarla. Por esto, lo que no convendría idealmente es estudiar las distintas ramas del conocimiento de manera inconexa (Newman, 1852/2011) sino desde una perspectiva amplia e integrada. Esto es lo que se busca en una educación liberal.

Puede suponer un peligro reducir la educación liberal a un plan de estudios o currículo concreto. Tampoco puede limitarse al programa de grandes libros (siguiendo la estela del programa de los *great books* propuesto por Hutchins) o a las materias del *trivium* y el *quadrivium* clásico, aunque hayan sido algunas de sus manifestaciones más destacadas (DeNicola, 2012). Existe una gran relación entre la educación liberal y el currículum, pero no constituye la identidad de la educación liberal. Existe un amplio consenso en el hecho de que el contenido de un programa sea interdisciplinar y amplio, y que esté alineado con los objetivos que se quieren alcanzar. Por ejemplo, que comprendan mejor el mundo para discernir cuál puede ser su contribución al bien común.

De esta manera los estudiantes se capacitan para apreciar y reconocer la verdad, la belleza y el bien, presente en tantas obras de toda época y cultura. Esta educación es liberadora, porque permite al alumno salir hacia afuera y descubrir la realidad que existe más allá de su punto de vista, de su cultura (Scott, 2014).

Los contenidos que un programa puede ofrecer son muy variados. En este sentido, los conocimientos que contribuyan a la reflexión sobre el fin último de la persona son especialmente fecundos, pues ayudan a reconocer el bien y pueden favorecer la búsqueda de una vida lograda tanto en el sentido profesional como humano (Torralba, 2017). Cuando el estudiante conoce mejor qué significa la vida humana, eso tiene –o puede tener– un impacto mayor en su vida moral, pues son conocimientos que interpelan al entendimiento y al corazón. Conviene señalar también que –junto a la selección de asignaturas y contenidos– es preciso que la docencia se imparta desde una perspectiva existencial, puesto que su objetivo es que contribuya a la maduración intelectual y vital del estudiante (Torralba, 2022).

La virtualidad transformadora de la educación liberal se debe tanto a su capacidad para el desarrollo de las virtudes intelectuales, como al hecho de que constituye un marco idóneo para el crecimiento de las virtudes morales, entre otros beneficios que procura. Por tanto, si bien es cierto que el conocimiento del bien en sí mismo no conduce a acciones buenas, no puede dudarse de su necesidad (Naval, 1995). Se trataría de dos vectores dirigidos al mismo objetivo: la educación integral de los jóvenes.

A nivel de conceptualización, en el estudio Delphi mencionado, hay acuerdo en que este modelo educativo se propone –en parte– una educación para la vida. De hecho, se considera una buena educación liberal aquella que es capaz de influir en el carácter del alumno. Esto se debe a que esta educación desarrolla capacidades y habilidades que son moralmente relevantes. Por ejemplo, la razón práctica, la imaginación moral y las habilidades que preceden al buen hacer, como la deliberación. Además –como hemos señalado previamente–, a través de estos programas, el alumno comprende mejor las implicaciones morales del actuar humano, lo que le hace ser más capaz de empatizar y de ver las cosas desde perspectivas distintas a las propias. También puede adquirir algunas virtudes como la humildad intelectual, la empatía y la comprensión –entre otras–, que permiten abrir el propio corazón a la necesidad del otro.

Se trata de educar en el deseo de saber, de acompañar en el proceso de hacerse preguntas sobre cuestiones o problemas existenciales y promover un profundo respeto por la verdad. Así se adquiere el sentido crítico (*critical thinking*), no porque se pongan en duda todos los planteamientos, sino porque uno es capaz de hacerse preguntas (Ibáñez-Martín, 2021). Por eso una persona así educada no rechaza preguntas como la de quién es el hombre, aunque no sea de fácil respuesta (Root, 2015). Esta idea también la recoge Allan Bloom, profesor de la Universidad de Chicago, en su obra *The closing of the American mind* (Bloom, 1987).

El pensamiento crítico no se nutre solamente de la razón, sino que el corazón humano también interviene (Ibáñez-Martín, 2021). Es cierto que la razón no puede dar explicaciones de todas las cuestiones existenciales que suceden en la vida de una persona. Algunos de los argumentos que nos convencen proceden más bien de otra fuente distinta a la racional. Por ejemplo, de la experiencia de una persona o de relatos que leemos. Las obras de la literatura, de la historia y de las humanidades son una fuente muy rica de experiencias humanas. Juega aquí un papel especial la capacidad humana de asombro que nos hace comprender «repentinamente lo más profundo de una cuestión y que, en ocasiones, se vive como una especie de revelación» (Ibáñez-Martín, 2021, p. 41).

El acercamiento al bien o a la belleza, por ejemplo, conectan con el deseo –dimensión sensitiva y afectiva– de la persona y generan en ella una acción: mueven a obrar. Por eso se ha comentado, en ocasiones, que la belleza tiene el poder de reconciliar las facultades humanas, intelectuales y sensibles: «*Beauty has the power to reconcile intellectual and sensitive faculties*» (Bosch, 2020, p. 36). En efecto, el acto bueno no se alcanza mediante el conocimiento del bien solamente, sino que es necesario desearlo. Por tanto, en la búsqueda de la felicidad se da un juego de acción recíproco entre los conceptos de «saber», «querer» y «obrar» (Bastons, 2020).

La elección que los jóvenes hacen de algunas actitudes o acciones que les conducen a tener una vida menos libre, o, con otras palabras, a adquirir algunos vicios, se puede deber, en parte, a no haber sido atraídos por el bien. La formación ética incluye facilitar que el alumno prefiera aquello que realmente es más valioso. Se puede aprender a querer mejor, es decir, educar en el buen gusto (Bastons, 2014). Por eso, conocer y comprender la belleza que esconde una pieza musical o una obra de arte pueden jugar un papel relevante en la educación.

La educación liberal mira al alumno como un todo, sin quedarse en aspectos parciales y este es uno de los rasgos que le caracterizan: educa –o puede educar– *the whole person*. Se propone el cultivo de la mente de los estudiantes en primer lugar, luego en sus corazones y, en consecuencia, en sus acciones (MacIntyre, 2012).

REFLEXIONES FINALES

Si nos preguntamos finalmente por el perfil del profesorado que desarrolla este tipo de educación, diremos que, como en cualquier materia que un docente enseñe, se da por supuesto que tiene un alto nivel de especialización y de conocimiento. Pero, a la vez, se le pide que posea una perspectiva global y una visión intelectual amplia. Esto significa que el profesorado requerirá amplitud de miras y procurará adquirir la capacidad de comprender y comunicar el contenido desde una visión interdisciplinar.

Por tanto, en la educación liberal en la universidad, la implicación que se pide al profesor es relevante. Además de acompañar al alumnado en su crecimiento intelectual, de alguna manera es consciente de que está ayudándole a formar su propio carácter. Es decir, el profesor comprende que la educación liberal impacta en el alumno a nivel holístico, con la esperanza de que –si quiere– configure una personalidad comprometida con el bien común. Conviene que sea también, una persona de buen carácter, que apuesta por el ideal de sociedad que la educación liberal promueve.

Concluyendo, si bien el papel del profesorado como agentes educadores es importante, será siempre secundario, porque el agente educador primario es el propio educando. En este sentido, el profesorado facilitará que sea el alumnado quien tenga un papel activo en el aula. Para eso, será positivo que el profesorado muestre apertura intelectual y fomente el diálogo sin dejar a la vez de mostrar los argumentos que justifican las diversas posturas éticas, aunque no todas pesen de igual modo.

Esto contribuirá a devolver a la educación universitaria su más noble y original sentido. Evitemos a los sedicentes universitarios y a una universidad sedicente (cfr. Esteban, 2023). Los que dicen ser y no son. Brindemos por una universidad liberal, cultural y cívica, con una dimensión humana profunda y trascendente.

REFERENCIAS

Arcilla, R. V. (2014). The liberal arts college and humanist learning. *Asia Pacific Education Review*, *15*(1), 21-27. https://doi.org/10.1007/s12564-013-9293-6

Argemí, M. (2023a). Educación liberal: una revisión sistemática de la literatura. En C. Naval, J. L. Fuentes, y L. D. Rojas. *Desarrollo de la identidad y el buen carácter en el siglo XXI*. Dykinson.

Argemí, M. (2023b). *La contribución de la educación liberal a la educación del carácter del alumnado universitario*. Tesis doctoral. Programa de doctorado en Educación y Psicología. Universidad de Navarra. Defendida el 22 de diciembre de 2023 en Pamplona.

Bastons, M. (2014). Inteligencia y buen gusto. En M. Herrero et al. (Eds.), *Escribir en las almas: Estudios en honor del prof. Rafael Alvira.* (pp. 35-43). EUNSA.

Bastons, M. (2020). The Role of Desire in Action. En M. Bosch (Ed.), *Desire and Human Flourishing: Perspectives from Positive Psychology, Moral Education and Virtue Ethics* (pp. 311-328). Springer.

Bell, D. (1966). *The Reforming of General Education: the Columbia College Experience in Its National Setting*. Columbia University Press.

Bloom, A. (1987). *The closing of the American mind: how higher education has failed democracy and impoverished the souls of today's students*. Penguin.

Bosch, M. (Ed.), (2020). *Desire and human flourishing: perspectives from positive psychology, moral education and virtue ethics*. Springer.

Budwig, N. (2018). Changing Views of Knowledge and Practice in American Higher Education. En J. Valsiner, A. Lutsenko y A. Antoniouk (Eds.), *Cultural Psychology of Education* (pp. 3-22). Springer Nature. https://doi.org/10.1007/978-3-319-96035-7_1

Burrows, D. (2019). Liberal education and effective action. *Journal of General Education*, *68*(3-4), 289-306. https://doi.org/10.5325/jgeneeduc.68.3-4.0289

Bussey, M. (2014). Liberal education may be dead but the magic will not die! *On the Horizon*, *22*(1), 3-6. https://doi.org/10.1108/OTH-09-2013-0034

Cantor, N. y Englot, P. (2013). Beyond the «Ivory Tower»: Restoring the balance of private and public purposes of general education. *Journal of General Education, 62*(2-3), 120-128. https://doi.org/10.1353/jge.2013.0019

Chávez-Reyes, C. (2010). Critical liberal education: An undergraduate pedagogy for teacher candidates in socially diverse university settings. *Teaching Education, 21*(3), 297-311. https://doi.org/10.1080/10476210903420072

Cheng, B. (2017). A comparative study of the liberal arts tradition and Confucian tradition in education. *Asia Pacific Education Review, 18*(4), 465-474. https://doi.org/10.1007/s12564-017-9505-6

Collini, S. (2017). ¿A dónde van las universidades? Perspectivas histórica y comparativa. *Revista de Economía Institucional, 19*(37), 13-29.

DeNicola, D. R. (2012). *Learning to Flourish. A Philosophical Exploration of Liberal Education*. Continuum International Publishing Group.

Donnelly, K. (2017). The Humanities in Australia: past, present and future. En M. F. Shaughnessy (Ed.), *The Humanities: Past, Present and Future* (pp. 37-56). Nova Science Publishers.

Esteban Bara, F. (2023). *Universitarios. Lo que son y lo que dicen ser.* Encuentro.

Fernández-Gubieda, S. (2023). *Una experiencia memorable. Cómo cultivar la reputación de las universidades*. EUNSA.

Godwin, K. A. (2015). The Counter Narrative: Critical Analysis of Liberal Education in Global Context. *New Global Studies, 9*(3), 223-243. https://doi.org/10.1515/ngs-2015-0033

Guerra, M. D. (2013). The Place of Liberal Education in Contemporary Higher Education. *Society, 50*(3), 251-256. https://doi.org/10.1007/s12115-013-9652-2

Hadzigeorgiou, Y. (2019). Reclaiming liberal education. *Education Sciences, 9*(264). https://doi.org/10.3390/educsci9040264

Hutchins, R. M. (1974). *The Higher Learning in America.* Yale University Press.

Hutchins R. M. (1952). *Great books of the western world.* Encyclopædia Britannica.

Ibáñez-Martín, J. A. (2021). La enseñanza de la filosofía y el cultivo de la inteligencia. Una segunda mirada al Sentido Crítico y al Adoctrinamiento. *Revista Española de Pedagogía, 79*(278), 33-50. https://doi.org/10.22550/REP79-1-2021-11

Instituto Core Curriculum. Universidad de Navarra. Cfr. https://www.unav.edu/web/instituto-core-curriculum (accedido 7 de enero, 2024).

Kerr, C. (2001). *The Uses of the University*. Harvard University Press.

Kristjánsson, K. (2015). *Aristotelian character education*. Routledge.

Lutz, D. (2018). Integrating the Liberal and Practical Arts. *Catholic Social Science Review, 23*, 75-92. https://doi.org/10.5840/cssr2018239

MacIntyre, A. (2012). *Dios, filosofía, universidades: historia selectiva de la tradición filosófica católica*. Nuevo Inicio.

Markowitz, M. W. (2015). Meaningful General Education Reform: Integrating Core Curricula and Institutional Values. *Journal of General Education, 9*(5), 1560-1564. https://doi.org/10.5281/zenodo.1105145

Naval, C. (1995). *Educar Ciudadanos. La polémica liberal-comunitarista en educación.* EUNSA.

Newman, J. H. (2011). *Discursos sobre el fin y la naturaleza de la educación universitaria.* EUNSA.

Nussbaum, M. C. (2010). *Not for profit: Why democracy needs the humanities*. Princeton University Press.

Root, E. S. (2015). Liberal education imperiled: Toward a resurrection of reason and revelation in higher education. Interpretation. *Journal of Political Philosophy, 41*(3), 313-347.

Rowe, S. (2015). Liberal Education as Adulthood. *Journal of General Education, 64*(1), 65-74. https://doi.org/10.5325/jgeneeduc.64.1.0065

Scott, R. A. (2014). The meaning of liberal education. *On the Horizon, 22*(1), 23-34. https://doi.org/10.1108/OTH-09-2013-0036

Torralba, J. M. (2013). Liberal education as university mission. Bibliographic. introduction to the debate on the identity of the university. *Acta Philosophica, 22*(2), 257-276.

Torralba J. M. (2014) Formación humanística en la universidad. Los tres rasgos de la educación liberal. En M. Herrero, A. Cruz, R. Lázaro y A. Martínez (Eds.), *Escribir en las almas. Estudios en honor del profesor Rafael Alvira* (pp. 921-938). EUNSA.

Torralba, J. M. (2017). Character and Virtue in Liberal Education. In *Encyclopedia of Educational Philosophy and Theory* (pp. 1-5). Springer Singapore. https://doi.org/10.1007/978-981-287-532-7_568-1

Torralba, J. M. (2022). *Una educación liberal: elogio de los grandes libros*. Encuentro.

Yacek, D. (2021). *The Transformative Classroom: Philosophical Foundations and Practical Applications*. New York.

ANEXO 1
Contenido del Programa DOCENS

Bloque temático 1. *La vida profesional e intelectual del profesorado universitario: aspectos institucionales*

(1) Universidad: la institución universitaria. Las misiones de la universidad: formar personas, preparar profesionales, investigar. La universidad como lugar de convivencia culta. Función social de la universidad.

(2) Universidades de inspiración cristiana. Lo que el cristianismo aporta a la tarea universitaria. Unidad del saber. Ciencias y fe.

(3) Universidad de Navarra: historia e ideario. Valores: trabajo bien hecho; unidad y pluralismo; espíritu de servicio. Estilo de gobierno: colegialidad, unidad.

(4) Naturaleza y finalidad del asesoramiento académico personal. El asesoramiento como medio para la formación integral para los estudiantes.

(5) La carrera académica. Cuestiones de fondo: sentido de la investigación para la propia vida intelectual del profesor. Integrar investigación, docencia, gestión y asesoramiento. Asegurar una sólida formación académica del profesor. Planificación a corto, medio y largo plazo. Normativa del profesorado de la Universidad de Navarra. Cuestiones prácticas, internacionalización y desarrollo profesional en la universidad.

(6) Organización y gobierno de la universidad. Estilo de gobierno: colegialidad, unidad. La gestión económica de la Universidad.

Bloque temático 2. *La formación intelectual y humana del profesor universitario*

(1) Ámbito y metodología de las ciencias experimentales, sociales y humanas. Ciencia y ciencias; verdad y verdades. Cuestiones específicas: dogmatismo, positivismo, relativismo. Cosmovisión propia de cada disciplina.

(2) Ética y ciencia. Los límites de la ciencia como límites internos (de los propios científicos) y no «impuestos» desde fuera.

(3) Claves culturales, morales y políticas de la actual situación social. Sensibilidad a las necesidades, problemas y carencias de la sociedad. Necesidad de desarrollar los intereses culturales: la lectura.

(4) Actitudes del trabajo docente: interés por el estudiante, humildad, amor a la verdad, profesionalidad. La ética del trabajo docente. Virtudes intelectuales: honestidad, rigor, prudencia, etc. Implicaciones morales de la profesión.

(5) La formación intelectual de los estudiantes: enseñar a pensar y argumentar. Los principios del aprendizaje humano: interés, relación, memoria.

(6) La formación de la personalidad: madurez psicológica y desarrollo humano.

(7) El proyecto formativo global de cada Facultad o Escuela.

(8) Características específicas de la docencia en cada Facultad o Escuela.

Bloque temático 3. *Metodología docente*

(1) Marco de la metodología docente: centralidad de la docencia para la profesionalidad del profesor universitario. Unidad y coherencia de las distintas dimensiones de la tarea docente: medios y técnicas al servicio del proceso enseñanza/aprendizaje.

(2) Planificación de la docencia: factores a tener en cuenta: número de estudiantes; la ordenación docente; colaboración de otros profesores; recursos materiales. Diseño de la asignatura: objetivos, competencias, tiempo de dedicación de los alumnos, preparación de materiales. Elaboración de la guía docente.

(3) Desarrollo de la docencia. Enseñanza en el aula: seminarios, lecciones magistrales, resolución de casos, PBL, prácticas. Tutorías. Herramientas para el aprendizaje.

(4) Las competencias del profesor en la experiencia docente: comunicación entusiasta; claridad; orden; empatía; visión confiada de las capacidades de los alumnos.

(5) La evaluación: planteamiento y objetivos; tipos de pruebas; relación con los estilos de aprendizaje; coordinación; proporcionalidad. Los resultados académicos: análisis e interpretación.

(6) La innovación docente. La importancia de la reflexión crítica sobre la propia tarea docente. Sensibilidad a la percepción de los alumnos; flexibilidad, trabajo en equipo y apertura para innovar en docencia.

ANEXO 2
BIBLIOGRAFÍA DEL PROGRAMA DOCENS

a. *Textos del Magisterio de la Iglesia sobre la educación universitaria*

https://www.unav.edu/web/instituto-core-curriculum/formacion-profesores-e-investigadores/programa-docens

Juan Pablo II:

Fides et ratio

Veritatis splendor

Ex corde Ecclesiae

Discurso a los representantes de las Reales Academias, del mundo de la Universidad, de la investigación, de la ciencia y de la cultura de España, de 1982

Benedicto XVI:

Discurso en la Universidad de Ratisbona; Discurso preparado para el encuentro con la Universidad de Roma La Sapienza; Encuentro con educadores en la *Catholic University of America*.

Encuentro con el mundo de la cultura en el *College des Bernardins*.

Discurso en Westminster Hall a representantes de la sociedad británica.

Discurso en el *Bundestag* al Parlamento Federal Alemán.

Discurso a la comunidad de la Universidad Católica del «Sacro Cuore» de Milán.

Discurso a los profesores universitarios en el Monasterio de El Escorial con motivo de la Jornada Mundial de la Juventud.

Discurso en el encuentro europeo de profesores universitarios, Roma, 23-VI-2007.

Papa Francisco:

Discurso en la Pontificia Facultad de Teología de Cerdeña, Cagliari;

Mensaje a la Federación Universitaria Católica Italiana;

Discurso en la Pontificia Universidad Católica de Ecuador, Quito;

Encíclica *Laudato si'*, 24 de mayo de 2015

García, R. D - Blanco, P. (ed.), Benedicto XVI habla sobre cultura y sociedad, Palabra, Madrid 2013, 196 pp. [Contiene varios discursos de Benedicto XVI e incluye comentarios]

b. *Textos de los Grandes Cancilleres y Rectores de la Universidad de Navarra*

https://www.unav.edu/web/instituto-core-curriculum/formacion-profesores-e-investigadores/programa-docens

c. *Algunas obras de referencia sobre la institución universitaria y su historia*

https://www.unav.edu/web/instituto-core-curriculum/formacion-profesores-e-investigadores/programa-docens

d. *Otra bibliografía relevante por su contenido o enfoque*

https://www.unav.edu/web/instituto-core-curriculum/formacion-profesores-e-investigadores/programa-docens

EL APRENDIZAJE-SERVICIO COMO «TERCER ESPACIO» PARA LA ENSEÑANZA EN LA UNIVERSIDAD

Enrico Miatto
(*Istituto Universitario Salesiano di Venezia*)

APRENDIZAJE-SERVICIO: UNA OPORTUNIDAD PARA LA UNIVERSIDAD

En el contexto académico italiano, los programas de Aprendizaje-Servicio (ApS) representan todavía una novedad sustancial. En la literatura local, se pueden encontrar experiencias que, en la última década, ofrecen evidencia de expresiones de un compromiso por renovar la propuesta didáctica y curricular en las universidades italianas a través de la unión del aprendizaje y el servicio comunitario (La Marca y Falzone, 2024; Albanesi *et al.*, 2023; Miatto, 2021; Ellerani, 2018; Mortari, 2017).

A raíz de esta novedad y con el telón de fondo de múltiples experiencias internacionales que insinúan su idoneidad en términos educativos (Furco, 2023; Ruiz-Corbella y García-Gutiérrez, 2019; Rubio y Escofet, 2017; Furco, 2001), la presente contribución ofrece una reflexión teórica que enmarca al ApS como un Tercer Espacio, es decir, como un espacio generativo de aprendizaje-enseñanza que se abre a nuevas síntesis y sentidos de la relación que se puede establecer entre aprender y servir, transpasando las fronteras entre espacios propios de la educación terciaria de carácter universitario e hibridándolos con otros espacios, no formales e informales, para promover el conocimiento en individuos y comunidades de acción.

Como señalan Lorenzo y colaboradores (2019, p. 42), «las oportunidades de aprendizaje que ofrecen las situaciones reales permiten abordar la responsabilidad social universitaria de manera más compleja y holística, ampliando las posibilidades de que el rendimiento académico de los alumnos mejore. Los estudiantes se implican en procesos en los cuales tienen que negociar los conceptos y métodos expuestos en el aula con la realidad y las personas involucradas en el servicio».

De ello se desprende que los contenidos académicos facilitan la formación de competencias para la acción, habitando confines y traspasos no sólo del conocimiento, sino también de los niveles de gestión, gobernanza y departamentales, lo que lleva a repensar la relación recíproca entre universidad y territorio.

Sobre este tema, las indicaciones del informe elaborado por el *Grupo de Alto Nivel* para la *Modernización de la Educación Superior* de la Comisión Europea sobre la *mejora de la calidad de la enseñanza y el aprendizaje en las instituciones de educación superior de Europa* (2013) dejan claro que cada universidad está llamada a desarrollar y aplicar estrategias de apoyo y mejora continua de la calidad de la enseñanza y el aprendizaje, dedicando recursos humanos y financieros, pero también integrando esta prioridad en su misión general, con vistas a dedicar a la enseñanza la debida paridad con la investigación. La invitación es a promover metodologías de enseñanza y aprendizaje innovadoras y enfoques pedagógicos «transversales, transdisciplinares e interdisciplinares en la enseñanza, el aprendizaje y la evaluación, que ayuden a los estudiantes a desarrollar su amplitud de conocimientos y una mentalidad emprendedora e innovadora» (CE, 2013, p. 66).

La Estrategia Europea para las Universidades (CE, 2022) renueva el llamamiento para que los estudiantes se comprometan como agentes de cambio en sus comunidades con el fin de tener un impacto positivo en la sociedad que les rodea. Una vía sugerida por el documento es la de la creación de *Living Labs*, entendidos como verdaderos laboratorios de experiencias, con el fin de permitir a estudiantes, personal e investigadores colaborar con otros actores clave para abordar los retos planteados en nuestras sociedades plurales, fomentar la aplicación del conocimiento al contexto del mundo real, mejorar las competencias de los implicados, aumentar las conexiones entre las personas y, por último, ofrecer más oportunidades para vincular conocimiento y sociedad. Todo ello apunta a la necesidad de formar estudiantes capaces de trabajar en los retos de forma holística, entre disciplinas, y de ejercer un pensamiento crítico, resolutivo y creativo.

El *Informe Global de la Comisión Internacional* de la UNESCO sobre el *Futuro de la Educación* (2022) también ofrece una interpretación renovada del papel que puede desempeñar la enseñanza superior. Según la UNESCO, la universidad no es solo el lugar de producción y difusión del conocimiento, sino también un lugar de educación que exige interconectividad, interdependencia, colaboración, cooperación, solidaridad, así como una perspectiva ética y una evaluación alineada y significativa para el crecimiento y el aprendizaje de cada estudiante.

Para la UNESCO, la educación forma parte de la misión central de una universidad que no debe descuidarse en favor de lógicas de potenciación de los aspectos organizativos, de acreditación y de financiación del sistema de educación superior. Para mantener viva la perspectiva educativa en el nivel académico, la armonización de los vínculos con los ciclos inferiores del sistema de enseñanza, educación y formación es una cuestión nuclear que exige una revisión de las formas de conexión colaborativa y la promoción de lógicas de continuidad escolar.

Además de esto, la UNESCO recuerda cómo es necesario, a nivel de estrategias de *desarrollo del profesorado*, mantener un alto nivel de compromiso con la promoción de enfoques pedagógicos y didácticos capaces de trascender la forma lineal de dar clase y el modelo de transmisión. Esto implica, por un lado, trabajar didácticamente para trascender los límites del aula (Magni, 2023; Fiorin, 2016), por otro, fomentar formas de aprendizaje colaborativas, interdisciplinarias y orientadas a la resolución de problemas, priorizando el estudio, la indagación y la co-construcción (García, Jover y Sánchez-Serrano, 2019; Nigris, 2018; Klegeris, y Hurren, 2011).

En el informe de la UNESCO, entre los enfoques pedagógicos innovadores figuran los programas de ApS entendidos como motor del compromiso cívico, capaces de hacer más permeable los muros entre el aula y la comunidad, de desafiar las diferentes situaciones de estudiante vinculándolas con sistemas, procesos y experiencias más amplios, más allá de la experiencia individual (2022, p. 55). Toda universidad debería desarrollar y aplicar estrategias de apoyo y mejora continua de la calidad de la enseñanza y el aprendizaje, dedicando a esta tarea el nivel de recursos necesario e integrando esta prioridad en su misión general, otorgando a la enseñanza paridad con la investigación.

ASPECTOS ESPECÍFICOS DEL ApS

La comunidad científica, en el contexto de las múltiples definiciones que tienen en cuenta los diversos perímetros teóricos y lingüísticos, reconoce en la dimensión del ApS una propuesta pedagógica y didáctica capaz de integrar en un solo proyecto dos dimensiones habitualmente separadas en la oferta curricular: la del aprendizaje y la del servicio a la comunidad.

En las propuestas de ApS, los procesos de enseñanza-aprendizaje y la intervención directa en la comunidad de vida se mantienen unidos, creando una dinámica circular virtuosa dirigida a promover tanto el aprendizaje experiencial y significativo, como el diseño de actividades de servicio que tengan un impacto tangible en la comunidad para el bien de esta.

El objetivo es responder a las necesidades y problemas presentes en las comunidades destinatarias, contribuyendo a la educación de los alumnos, que están llamados a aprender y a contribuir de forma concreta a la mejora social y medioambiental (Furco y Billig, 1996).

En resumen, toda actividad de ApS se desarrolla siguiendo tres líneas básicas (Miatto, 2021).

La primera intercepta la mejora del aprendizaje estrechamente vinculada al plan de estudios y a los contenidos que deben adquirirse. Las actividades de ApS están diseñadas para ampliar los límites de la oferta curricular, ofreciendo a los estudiantes la oportunidad de entrar en contacto con el conocimiento a través de la experiencia práctica. Esta modalidad permite a los estudiantes desarrollar nuevas síntesis e interpretaciones de fenómenos complejos (Miatto, 2021; Fiorin, 2016; Tapia, 2006). De hecho, el ApS destaca por su potencial transformador, ya que es capaz de cruzar disciplinas, metodologías y espacios, creando nuevas sinergias entre lo escolar y lo extraescolar. El ApS no se limita a añadir nuevas actividades al currículo, sino que enriquece los itinerarios de aprendizaje y fomenta la construcción de alianzas entre la escuela y la comunidad. Los alumnos, a través de la participación en estas experiencias, adquieren competencias sociales y profesionales, desarrollando un vínculo con su itinerario curricular (Cadei y Serrelli, 2021).

De esta manera, el ApS facilita la integración entre el aprendizaje escolar y el contexto real, promoviendo la reflexión constante sobre los éxitos y fracasos, y fomentando el crecimiento personal de los estudiantes. Cuando están bien integrados en el currículo, el ApS pueden favorecer el aumento de las competencias escolares y promover valores de socialidad y solidaridad (Bornatici, 2020; Ruiz y García, 2019; Celio, Durlak, y Dymnicki, 2011; Amerson, 2010; Hunter y Brisbin, 2000).

La segunda línea de desarrollo de las actividades de ApS se refiere a la participación activa de los estudiantes, los profesores y la comunidad local. El documento *Una via italiana per il Service Learning* (MIUR, 2019) destaca cómo el ApS no debe entenderse como un añadido a las prácticas docentes tradicionales, ni como un nuevo método de enseñanza. Más bien, representa un enfoque que potencia el fructífero vínculo entre aprendizaje y compromiso cívico, fomentando la reflexión crítica sobre contenidos y métodos. El ApS promueve la colaboración entre diferentes actores (profesores, alumnos, directivos, familias, socios territoriales), creando entornos de aprendizaje lo más integradores y responsables posible.

El ApS ofrece a los estudiantes la oportunidad de aprender a través de la experiencia directa, implicándoles en actividades que responden a las necesidades de la comunidad, con el objetivo de generar beneficios tanto para ellos como para la comunidad (Jacoby, 1999).

El análisis de los programas de ApS propuestos por la experiencia del *Centro Latinoamericano de Aprendizaje y Servicio Solidario* (CLAYSS), que ha servido de estímulo para el lanzamiento de actividades de ApS en el contexto italiano (MIUR, 2019; Tapia, 2006), revela cinco fases consecutivas que caracterizan la estructura mínima de cualquier intervención de ApS:

1. motivación e implicación;
2. identificación de necesidades, problemas, retos que deben abordarse junto con la comunidad;
3. planificación·compartida y participativa entre los agentes implicados;
4. ejecución de actividades: aprendizaje, servicio, reflexión, comunicación, documentación, seguimiento pedagógico, creación de redes, establecimiento de alianzas;
5. cierre, evaluación y reconocimiento final.

Además, cada intervención de ApS se caracteriza por tres dimensiones transversales: reflexión, documentación y difusion sistemática y evaluación.

En cuanto a *la reflexión*, cabe señalar que se trata de un elemento central del proceso de ApS, ya que permite a los estudiantes y a cualquier otra parte interesada revisar críticamente la experiencia, profundizando en su comprensión de las cuestiones abordadas y desarrollando nuevas perspectivas. El proceso reflexivo invita a explorar en profundidad los problemas de la comunidad en la que interactúa el programa ApS y a establecer conexiones innovadoras entre las actividades de servicio, los contenidos y los entornos de aprendizaje. Además, el proceso crítico-reflexivo es también un elemento crucial para la orientación, ya que permite a cada sujeto reelaborar sus experiencias vividas, analizar sus procesos de toma de decisiones y reconocer y desarrollar competencias latentes (Maulini y Miatto, 2023).

La *documentación* y la *difusión sistemática de las* actividades son características transversales de los programas de ApS que exigen la necesidad de documentar sistemáticamente las actividades desarrolladas, las ideas y las experiencias innovadoras que se producen durante la ejecución de los proyectos.

El proceso de construcción del documento es necesario para cada institución involucrada, ya que permite sistematizar las experiencias y abre la posibilidad de desarrollar nuevos proyectos dentro de las mismas alianzas creadas. Lo que surge de esta fase del proceso también constituye la base para la difusión de la eficacia del proyecto, dentro y fuera de la institución educativa (Fiorin, 2016).

Por último, la *evaluación* representa una dimensión transversal que invita a prestar atención a todo el proceso que caracteriza a cada programa de ApS, con el fin de analizar los éxitos, las dificultades y los posibles cambios que se han producido con respecto a los objetivos propuestos y las acciones previstas inicialmente, con vistas a su posible mejora. Evaluar los programas de ApS no es sólo cuestión de conocer los efectos que esta actividad ha provocado en términos de cambio y beneficiarios, sino que también requiere tomar conciencia de estos factores en la reciprocidad de la relación entre los actores implicados como decisores con respecto a los propios programas de ApS. En su transversalidad, la dimensión de la evaluación atiende a su dimensión formativa y transformadora donde se asegura el tránsito de una autoevaluación basada en la reflexión individual a una evaluación participativa en la que los diferentes actores son llamados a reflexionar conjuntamente (Ruiz y García, 2019).

La arquitectura de los programas de ApS propuesta por el CLAYSS, citada anteriormente asegura, entre fases y dimensiones transversales, alianzas de reciprocidad que amplían las posibilidades de confrontación entre alumnos, profesorado y comunidad. Una tríada que se encuentra mutuamente en situación de aprendizaje, compartiendo responsabilidades y construyendo conjuntamente nuevos conocimientos y soluciones.

Por último, la tercera directriz del ApS gira en torno a la promoción de actividades solidarias orientadas a la comunidad. Así entendidos, los programas de ApS preparan el terreno para una educación integral del individuo, fomentando la creación de lazos de mutualidad y promoviendo valores como la solidaridad, la cohesión social y la igualdad. Alumnos, profesores y miembros de la comunidad se implican mutuamente en una situación de aprendizaje, compartiendo responsabilidades y contribuyendo a la construcción conjunta de conocimientos y soluciones innovadoras.

La fundamentación teórica del ApS sustenta la apuesta por la construcción de una ciudadanía dialogante y democrática, tal y como sugiere Dewey (2004), según el cual los contextos democráticos, participativos y deliberativos se basan en la confianza en las capacidades e inteligencia humanas, así como en la importancia de la experiencia significativa y compartida. El ApS se convierte así en una ocasión transformadora en la que la ayuda mutua representa una acción concreta en la vivencia significativa de la solidaridad en tres direcciones: a través de la colaboración y cooperación entre iguales, la acción solidaria hacia quienes se benefician de ella, y la asunción de la responsabilidad cívica, ya que es precisamente la dimensión del servicio la que contribuye al bien común y a su construcción.

ApS, Tercer Espacio para la Educación Superior

En cuanto al desarrollo de programas de ApS, lo mencionado hasta ahora, sugiere que éstos ofrecen una importante oportunidad para operar una ampliación del propio concepto de entorno de aprendizaje, basado en la implicación de la comunidad local útil para construir oportunidades de realizar actividades desde una perspectiva participativa, así como para producir una reflexión crítica sobre los currículos y sobre las acciones de enseñanza, investigación y público compromiso (Albanesi *et al.*, 2023).

Como se ha aclarado anteriormente, los programas de ApS van acompañados de momentos transversales. Entre ellos el de la reflexión, que permiten una elaboración profunda y auténtica del aprendizaje, de modo que la propia experiencia pueda ser pensada, reconstruida e integrada por el estudiante en el conjunto de conocimientos, habilidades y competencias que se ofrecen en el plan de estudios, más allá de los espacios canónicos en los que se imparte la universidad.

En los programas de ApS, aspectos multidimensionales (diferentes instituciones, órdenes plurales de educación, diferentes contextos socio-culturales, dimensiones pedagógicas y didácticas estructurantes, tipo de participantes, etc.) y multidisciplinares (conjunto de conocimientos impli-cados) están llamados a converger, dando lugar a un entorno de aprendizaje enriquecido, híbrido. Como tal, es capaz de promover un aprendizaje signi-ficativo (Castoldi, 2020; Mayor Paredes, 2021) útil para acceder a nuevas síntesis entre las dimensiones teórica y práctica. En la intersección entre el contenido disciplinar y el servicio, el trabajo en el aula y fuera de ella en la comunidad de la vida, la dimensión ética y el compromiso cívico, en los programas de ApS cobra vida un Tercer Espacio que contribuye a enrique-cer el entorno de aprendizaje de forma transformadora.

Diferentes lenguajes utilizados[1] se combinan para dar forma a un Ter-cer Espacio de aprendizaje que implica la participación organizada de una pluralidad de actores en un conjunto de prácticas cuidadosamente planifi-cadas.

La propuesta pedagógica, formativa y didáctica del ApS se centra en un horizonte, que sitúa la alteridad en el centro y redibuja los límites tradi-cionales de la relación entre profesor y alumno, ampliando la posibilidad de adquirir conocimientos que residen más allá de la persona individual en el contexto comunitario. En efecto, los programas de ApS exceden los límites relacionales, didácticos, epistemológicos y comunitarios, y en este excedente es reconocible la contribución significativa de una experiencia profundamente «saliente» que valoriza el potencial educativo del aprendi-zaje no formal e informal entre cuidado, conocimiento y responsabilidad (Bornatici, 2020; Miatto, 2021), dando la posibilidad de acceder a un espa-cio de ulterioridad.

---

1. Lenguajes diferentes que animan el aprendizaje en los contextos formales y el aprendizaje en los contextos informales. Que caracterizan la proximidad y la distancia, además de las dimensiones transversales (reflexión, documentación, evaluación) que reconstruyen el significado de las activida-des de ApS entre aprender y servir.

En la literatura, el constructo teórico de Tercer Espacio se ha utilizado a menudo para describir límites renovados de acceso a prácticas humanas. MacIntyre (1981) define la práctica como una actividad coherente y cooperativa socialmente establecida, mediante la que se realizan los bienes inherentes a ella, intentando así lograr modelos de excelencia apropiados.

En el contexto de la descripción de los espacios intersticiales del encuentro cultural, el concepto de Tercer Espacio ha permitido, por ejemplo, reinterpretar el modo en que el colonizador y el colonizado negocian, produciendo hibridación en la cultura. En los estudios de Bhabha (1994), esto deja espacio a la creación de nuevas formas de significado y producción cultural que tienden a trascender las fronteras entre los distintos espacios y las categorizaciones predefinidas de la cultura o la identidad, haciéndolas transparentes.

Por el contrario, los estudios de geografía humana de orientación crítica que rastrean las formas en que los humanos se distribuyen en un territorio determinado y las maneras en que viven, han entendido el constructo de Tercer Espacio como una forma de pensar y reinterpretar el espacio socialmente producido por grupos de humanos. A partir de ese análisis, Soja (1996) revela cómo cada existencia individual y cada geografía humana tomada en consideración tienen el mismo alcance, y el mismo significado crítico, que las dimensiones históricas y sociales en las que se producen.

Gutiérrez (2008), por su parte, investigó el concepto de Terceros Espacios en el contexto de una investigación sobre la escolarización de los jóvenes en Estados Unidos. A partir de un análisis del papel del lenguaje y de las prácticas corporizadas en la constitución de los Terceros Espacios, la académica reinterpretó las prácticas de acompañamiento y apoyo (*andamiaje*) en las que a través de «una orquestación de la participación en un rico conjunto de prácticas cuidadosamente diseñadas y ecológicamente fundamentadas, es posible regular la ocurrencia, frecuencia y dificultad de entornos específicos de resolución de problemas, así como las formas de mediación disponibles» (Gutiérrez, 2008, p. 152). Este análisis reveló cómo la conceptualización del Tercer Espacio es cualquier cosa menos lineal y armoniosa, puesto que se caracteriza por continuidades y discontinuidades entre el individuo, el entorno y el sistema más amplio.

La contribución de Flessner (2009; 2014) a una teoría del Tercer Espacio permitió explorar las formas en que dicha teoría puede utilizarse en la educación superior mediante el ejercicio de la práctica reflexiva. El autor define dicho espacio «como un lugar de reflexión, renovación y cambio en el que dos mundos supuestamente opuestos son reimaginados para identificar tensiones, conflictos, exageraciones de distancia, puntos en común entre dominios, fuentes de comprensión e inspiración para la acción» (2014, p. 236). En su análisis, el Tercer Espacio representa un lugar para la reflexión, la renovación y el cambio.

Recientemente, la referencia a una teoría del Tercer Espacio se ha ampliado a estudios sobre el aprendizaje en entornos digitales y el uso de tecnologías para la educación (Adamoli *et al.*, 2022; Pane, 2009; Rivoltella, 2020; Rossi, 2019).

En la perspectiva de Potter y McDougall (2017), los Terceros Espacios representan entornos informales, tanto virtuales como físicos, en los que las interacciones entre las personas toman forma en un espacio común que combina cultura, educación y medios de comunicación. Tales interacciones ofrecen posibilidades de encuentro caracterizadas por dinámicas participativas horizontales. Esto pone de relieve la dimensión colectiva y situada del aprendizaje, en espacios próximos a los lugares de vida de las personas, donde éstas aprenden a través de dinámicas colectivas y no sólo individuales. Además, la naturaleza transmedia de los Terceros Espacios permitiría una hibridación entre las esferas pública y privada, así como entre los estilos formal e informal.

Como se ha considerado hasta ahora, en lo que se centra transversalmente el constructo teórico de Tercer Espacio es en una superación de la relación binaria y dicotómica en la que se observan conceptos típicamente situados en oposición entre sí, como los binomios teoría y práctica, aprendizaje teórico y aprendizaje experiencial, aprendizaje y servicio (Flessner, 2014; Mayor Paredes, 2021). Como sostiene Soja, al considerar un Tercer Espacio, «la elección binaria original no se descarta por completo, sino que se somete a un proceso creativo de reestructuración que recurre selectiva y estratégicamente a las dos categorías opuestas para abrir nuevas alternativas» (1996, p. 5).

El constructo teórico de Tercer Espacio abre así la posibilidad de redefinir, recrear y/o sustituir una determinada relación binaria, reimaginando un nuevo espacio en el que puedan surgir ideas innovadoras (Flessner,

2014); capaz de configurarse como una membrana porosa. Un espacio a la vez concreto, literal y metafórico en el que las experiencias personales de los implicados en el proceso de formación puedan encontrarse con las instancias de las partes interesadas y las normas institucionales heterodirigidas (Pentucci, 2022).

Esta apertura, en nuestra opinión, y de acuerdo con Mayor Paredes (2021), es prometedora para la investigación de las prácticas de ApS, ya que es capaz de dar cuenta de la dimensión de ulterioridad en la que se basan. Una dimensión, esta última, que corre el riesgo de permanecer elusiva y no ser aprehendida en términos existenciales y formativos, por otra parte, precisamente a partir del amplio potencial transformador que las prácticas de ApS pueden asegurar donde no se pierda el equilibrio entre intencionalidad pedagógica e intencionalidad social (Fiorin, 2016; Tapia, 2006). El Tercer Espacio dentro del cual se configuran los programas de ApS, es una promesa de superación de espacios unívocos, singularmente ligados al aprender o al servir, produciendo un *plus de* aprendizaje y servicio inalcanzable de otro modo, como también surge de algunos estudios que han trabajado sobre el impacto de los programas de ApS (Amerson, 2010; Celio *et al.*, 2011; Hunter y Brisbin, 2000).

Así entendido, el Tercer Espacio que garantiza el ApS abre la hibridación de discursos y racionalidades. Facilita nuevas formas de acceso al conocimiento y modos de participar en la construcción de experiencias que capturan el valor del don como un potencial de aprendizaje. Además, permite acceder a un modo de aprender que entiende al ser humano «como conciencia intencional en relación consigo mismo y con su mundo» (Milan, 2021, p. 29). Esto ocurre en la pluralidad de relaciones y en la tensión mejoradora, a través del servicio al entorno vital. Este tercer espacio es híbrido y plural. En las interpretaciones del ser humano, está expuesto a la implosión y a la ruptura conceptual. Por esta razón, es importante investigarlo en las múltiples formas que caracterizan el horizonte de la investigación pedagógica y didáctica. Es decir, tanto desde la perspectiva de un refuerzo conceptual, como en el análisis de los múltiples procesos que lo caracterizan. Son precisamente estos los horizontes de investigación capaces de mostrar el amplio alcance transformador de los programas de ApS y de los horizontes de sentido en los que se realizan.

Referencias

Adamoli, M., Piccioni, T., y Masiero J. (2022). La fiducia nella relazione educativa tra docenti e studenti universitari nei terzi spazi digitali. *Q Times Journal of Education Technology and Social Studies*, *14*(4), 444–459.

Albanesi, C., Bergami, M., Cecchini, C., Compare, C., Culcasi, I., De Piccoli, N., Di Masi, D. (2023). Il Manifesto della Rete delle Università italiane per il Service-Learning. *FORM@ RE*, *23*(2), 7–12.

Amerson, R. (2010). The impact of service-learning on cultural competence. *Nursing education perspectives*, *31*(1), 18–22.

Bhanha, H. K. (1994). *The Location of Culture*. Routledge.

Bornatici S. (2020). *Pedagogia e impegno solidale. A scuola di service-learning*. Vita e Pensiero.

Cadei, L. y Serrelli, E. (2021). «Imparare a servire»: le potenzialità trasformative del service learning nella formazione degli insegnanti. *Scuola italiana moderna*, *1*, 76–89.

Castoldi, M. (2020). *Ambienti di apprendimento. Ripensare il modello organizzativo della scuola*. Carocci.

Celio, C. I., Durlak J. y Dymnicki, A. (2011). A meta-analysis of the impact of service-learning on students. *Journal of experiential education*, *34*(2), 164–181.

Dewey, J. (2004). *Democracia e educazione*. Sansoni.

Ellerani, P. (2018). Service Learning: una difficile scommessa per rispondere all'emergenza democratica e alle necessità dello sviluppo umano? *Sapere pedagogico e pratiche educative*, *2*, 23–63.

European Commission (2013). *High Level Group on the Modernisation of Higher Education. Report to the European Commission on Improving the quality of teaching and learning in Europe's higher education institutions*. Publications Office of the European Union.

European Commission (2022). *Communication from the Commission on a European strategy for universities*. EC.

Fiorin, I. (2016). *Oltre l'aula. La prospettiva pedagogica del Service Learning*. Mondadori.

Flessner, R. (2009). Working toward a third space in the teaching of elementary mathematics. *Educational Action Research, 17*(3), 425–446.

Flessner, R. (2014). Revisiting Reflection: Utilising Third Spaces in Teacher Education. *Scholarship and Professional Work - Education, 37*, 231–247.

Furco, A. y Billig, S. H. (Eds.), (1996). *Service Learning. The Essence of the Pedagogy*. Information Age Pub.

Furco, A. (2001). Advancing service-learning at research universities. *New directions for higher education, 114*, 67–78.

Furco, A. (2023). Meeting the Challenges of Service Learning Research Domestically and Abroad: Field Building and Legitimacy. En J. A. Harcher, R. G. Bringle, y T. W. Hahn (Ed.), *Practical Wisdom for Conducting Research on Service Learning* (pp. 93–111). Routledge.

García, A., Jover, G. y Sánchez-Serrano, S. (2019). Alineamiento del Aprendizaje Servicio con el marco del Espacio Europeo de Educación Superior: un cuestionamiento desde la filosofía pragmática de la educación. En J. L. Fuentes (Coord.), *De la teoría a la práctica en el compromiso cívico: Fundamentos y propuestas para el Aprendizaje-Servicio* (pp. 113–134). Octaedro.

Gutiérrez, K. D. (2008). Desarrollando una alfabetización sociocrítica en el Tercer Espacio. *Reading Research Quarterly, 43*(2), 148–164.

Hunter, S., y Brisbin, R. A. (2000). The impact of service learning on democratic and civic values. *PS: Political Science & Politics, 33*(3), 623–626.

Klegeris, A. y Hurren, H. (2011). Impact of problem-based learning in a large classroom setting: student perception and problem-solving skills. *Avances en la enseñanza de la fisiología, 35*(4), 408–415.

Jacoby, B. (1999). Partnership for Service Learning. *New Directions for Students Services, 87*, 19–35.

La Marca, A. y Falzone, Y. (2024). *Service Learning in Università. Il progetto Nessuno Resta Indietro*. Pensa MultiMedia.

Lorenzo, M., Ferraces Otero, M. J., Pérez Pérez, C. y Naval Durán, C. (2019). El profesorado universitario ante el aprendizaje-servicio: variables explicativas. *Revista de educación, 386*, 37–60.

MacIntyre, A. (1981). *After virtue: a study in moral theory*. Duckworth.

Magni, F. (2023). *L'università e il rilancio della formazione terziaria. Nuovi paradigmi culturali.* Studium.

Mayor Paredes, D. (2021). Aprendizaje-Servicio: una partitura hibrida en construcción. En D. Mayor Paredes y A. Granero Andújar (Eds.), *Aprendizaje-Servicio en la universidad. Un dispositivo orientado a la mejora de los procesos formativos y la realidad social* (pp. 19–38). Octaedro.

Maulini, C. y Miatto, E. (2023), Il Service Learning al servizio di una didattica orientativa e orientante. *Lifelong, Lifewide Learning, 20*(43), 91–100.

Miatto, E. (2021). Promuovere posture ecologiche integrali: il contributo del Service Learning in università. En E. Balduzzi (Ed.), *La sfida educativa della Laudato si' e l'educazione del carattere* (pp. 134–145). Studium.

Milan, G. (2021). Il valore del service Learning come metodologia pedagogica in una prospettiva di comunità. In CIOFS Scuola FMA, *Didattica della solidarietà. Service Learning e pedagogia salesiana* (pp. 22–42). FrancoAngeli.

MIUR (2019). *Una via italiana per il service-learning.* MIUR.

Mortari, L. (2017). Costruire insieme un bene comune. In L. Mortari (ed.). *Service Learning. Per un apprendimento responsabile* (pp. 9–32). FrancoAngeli.

Pane, D. M. (2009). Third Space: Blended Teaching and Learning. *Journal of the Research Center for Educational Technology, 5*(1), 64–92.

Pentucci, M. (2022). La progettazione come Terzo Spazio tra didattica generale e didattiche disciplinari. *Giornale di fisica, 63*, 129–138.

Potter, J. y McDougall, J. (2017). *Digital media, culture and education: Theorising third space literacies.* Palgrave Macmillan.

Nigris, E. (2018). Apprendere per insegnare: il progetto pilota di formazione didattica ai docenti dell'Università Bicocca. *FORM@RE, 18*(1), 53–66.

Rossi, P. G. (2019). L'ambiente digitale come terzo spazio nella didattica universitaria. In P. Federighi, M. Ranieri, y G. Bandini (Eds.), *Digital scholarship tra ricerca e didattica* (pp. 40–52) FrancoAngeli.

Rivoltella, P. C. (2020). *Nuovi alfabeti. Educazione e cultura nella società postmediatica*. Scholé.

Rubio, L. y Escofet, A. (2017). *Aprendizaje-Servicio (ApS): claves para su desarrollo en la Universidad*. Octaedro.

Ruiz-Corbella, M., y García-Gutiérrez, J. (Eds.), (2019). *Aprendizaje-Servicio: los retos de la evaluación*. Narcea.

Soja, E. (1996). *Thirdspace: Journeys to Los Angeles and Other Real-and-Imagined Places*. Basil Blackwell.

Tapia, M. N. (2006). *Educazione e solidarietà. La pedagogia dell'apprendimento servizio*. Città Nuova.

UNESCO (2022). *Reimaginar juntos nuestros futuros: un nuevo contrato social para la educación. Informe de la comisión internacional sobre los futuros de la educación*. UNESCO.

SEGUNDA PARTE

LÍNEAS DE INVESTIGACIÓN DEL APRENDIZAJE SERVICIO

APROXIMACIÓN PRAGMÁTICA AL APRENDIZAJE SERVICIO Y LA EDUCACIÓN LIBERAL

Gonzalo Jover
(*Universidad Complutense de Madrid*)

INTRODUCCIÓN

En una definición muy general, el Aprendizaje Servicio (ApS) consiste en aprender realizando un servicio a la comunidad. Sus antecedentes se remontan a los *settlements* Toynbee Hall, fundado por Samuel y Henrietta Barnett en Londres en 1884, y Hull House, creado por Jane Addams y Ellen Gates Starr en Chicago cinco años después. Hoy el Aprendizaje Servicio se ha puesto de moda y se ha convertido en una metodología usada en numerosas instituciones educativas, especialmente de educación superior, en gran cantidad de países, para la enseñanza de las materias del currículo, pero también para la educación cívica y moral.

Como hemos sugerido en otro lugar, parte de este éxito probablemente se deba a que, como metodología, es susceptible de encajar en proyectos pedagógicos diversos, y bajo presupuestos teóricos también distintos (Jover y Gozálvez, 2024). Es, por ejemplo, frecuente encontrar programas de ApS en instituciones educativas y universidades cristianas. Para el profesor de Filosofía Teológica, John E. Hare (2002) que introdujo el Aprendizaje Servicio en sus lecciones de ética en Calvin College, en estas instituciones «necesitamos una comprensión de los méritos del aprendizaje-servicio que sea receptiva al papel de Dios en la moralidad humana» (pp. 74-75). Esta vinculación es lógica si tenemos en cuenta el origen fundamentado en nociones religiosas detectable en las experiencias pioneras de esta metodología, incluyendo Hull House, y la tensión que se produce en ellas por articular el mensaje de la caridad con el de la justicia social (Igelmo y Jover, 2019).

Hare plantea la necesidad de revisar los fundamentos del ApS, y en cierto modo rebajar las expectativas con respecto a sus posibilidades en la educación moral, como alternativa a la narrativa que sitúa la raíz de esta metodología en autores como John Dewey, cuya ética prescinde de Dios. Para otros, sin embargo, el uso de estos programas en un contexto plural exige moverse fuera de un lenguaje religioso e insertarse en una ética cívica. Cada una de estas posibilidades de desarrollar programas de ApS se corresponden con lo que Hare llama la perspectiva vertical de la educación moral, que apela a la presencia divina, y la perspectiva horizontal, en la que «los problemas morales humanos tienen soluciones exclusivamente humanas» (Hare, 2002, p. 74).

Algo parecido sucede con la educación liberal, que es reclamada también desde posiciones diversas, en las que el Aprendizaje Servicio no tiene el mismo valor. La idea central del Aprendizaje Servicio es la continuidad del pensamiento y la acción, por decirlo en términos clásicos, la continuidad de la vida contemplativa y la activa, el cultivo del conocimiento y la atención a los problemas sociales. Pero si esto es así, el ApS parece poco compatible con una educación liberal, o alguna forma de ella, cuya esencia es la dedicación al conocimiento que se dice desinteresado, el saber por sí mismo. Así lo expresó, entre otros, Robert Maynard Hutchins (1936), considerado paladín de la educación liberal universitaria, cuando decía que no debería privarse a la universidad del «único pretexto para su existencia, que es proporcionar un refugio en donde la búsqueda de la verdad pueda continuar sin trabas, más allá de la utilidad o la presión por los resultados» (p. 43).

La tesis que voy a desarrollar aquí es que estas dos perspectivas que, desde algunas posiciones, parecen incompatibles, pueden unirse a través de su entronque común en el pragmatismo y, más específicamente, en la filosofía pragmática de la educación de John Dewey. Pretendo justificar también que se puede mantener el valor moral del Aprendizaje Servicio sin necesidad de apelar a un fundamento religioso, como quiere Hare, aunque sí, quizás, mirar más allá de Dewey.

El origen pragmático del ApS

Es habitual considerar el pragmatismo como unos de los principales fundamentos del ApS. Epistemológicamente, esta asociación se justifica en tanto el pragmatismo postula la continuidad de pensamiento y acción, en la que se base el Aprendizaje Servicio. Al igual que la acción es lo que nos da la prueba de la verdad de una idea, es el servicio a los otros lo que nos enseña la verdad moral. Esta asociación viene, además, reforzada por una circunstancia histórica, la relación intelectual y académica de Dewey con la también pragmatista, feminista y pacifista americana, Jane Addams, fundadora de Hull House, una casa de acogida de los inmigrantes que llegaban a Chicago a finales del siglo XIX y comienzos del XX. Allí, Addams desarrolló su concepción de la educación, uno de cuyos aspectos era la colaboración de los estudiantes universitarios con los inmigrantes, dentro de un proyecto reformista que reivindicaba la socialización democrática (Camas, 2021). En palabras de Addams (1893):

> No hace falta decir que un *settlement* es una protesta contra una visión restringida de la educación. El mismo hace posible el encuentro de cualquier hombre o mujer educado con capacidad de enseñar y quienes están dispuestos a ser enseñados. Las actividades sociales y educativas de un *settlement* no son más que manifestaciones diferentes del intento de socializar la democracia, como lo es la existencia del *settlement* mismo (p. 10).

En Hull House, todos aprendían de todos, y las lecciones de idioma de los universitarios eran tan importantes como las de música o cocina de los inmigrantes. En el fondo de este proyecto latía el pragmatismo y la relación con Dewey. Siguiendo a Hamington, «Addams y Dewey fueron almas intelectuales gemelas desde el momento en que se conocieron en 1892. Dewey visitó Hull House poco después de su apertura y antes de mudarse a Chicago para enseñar en la Universidad de Chicago. Tras su encuentro, Dewey expresó a Addams su agradecimiento por el trabajo de Hull House y se convirtió en un visitante frecuente. Hubo mucha fertilización intelectual cruzada entre Hull House y la Universidad de Chicago y *viceversa*» (Hamington, 2022, sección 2). En este sentido, Seigfried ha destacado cómo el trabajo de Hull House contribuyó directamente a dar forma al pragmatismo de Dewey y su reformismo social (Seigfried, 1996, 1999). No parece casualidad que la hija de Dewey se llamase Jane, igual que Addams.

Como hemos analizado en otros trabajos (González-Geraldo *et al.*, 2017; García-Fernández *et al.*, 2019) desde la filosofía de la experiencia que propugnó Dewey, cabe extraer cuatro nociones principales que inspiran los programas de Aprendizaje Servicio:

1) El servicio no es un producto del aprendizaje, sino la forma en la que construimos nuestro yo. Para Dewey, el yo no es algo dado que se proyecte en la acción, sino que se construye en ella. Realización y acción van juntas. Ésta es la idea profunda que late en el ApS. El servicio no es el lugar en el que proyectamos nuestra identidad ética y profesional ya formada, sino el modo en la que la construimos.

Si nos hacemos en la acción, nos hacemos también profesionales éticamente comprometidos actuando en experiencias de compromiso social.

2) La dimensión formativa de la experiencia de ApS no está en la experiencia en sí, sino en su reelaboración cognitiva. Dewey definió la educación como la «reconstrucción continua de la experiencia» (Dewey, 1995, p. 76). De esta definición se ha prestado a veces mucha atención a la experiencia y poca a la reconstrucción, olvidando que, para Dewey, el lado educativo de la reconstrucción continua de la experiencia no está en la experiencia en sí misma, sino en su reelaboración cognitiva. A pesar de lo que tantas veces se ha dicho, para Dewey no aprendemos sólo haciendo. En una entrevista que concedió con motivo de su nonagésimo aniversario, llegó a cuestionar este lema, tan asociado a su filosofía de la educación: «No creo que la gente aprenda meramente haciendo. Lo importante son las ideas que una persona pone en su hacer. Un hacer carente de pensamiento resultará en un aprendizaje erróneo» (citado en Martin, 2000, p. 477).

3) Los programas de aprendizaje en servicio se tienen que guiar por una lógica de la experimentación. Una distinción fundamental en Dewey es la que estableció entre la lógica absolutista y la lógica de la experimentación, que convirtió en lema de su empeño filosófico (Dewey, 2008). Pasar de una lógica absolutista a una lógica de la experimentación significa que los estudiantes no deben ser tratados como seres orientados hacia unos fines dados, a modo de ese «saco de las virtudes» que Kohlberg (1987) criticó a los defensores de la educación de carácter (p. 99), sino como seres libres que crecen y desarrollan su libertad mediante la investigación, la experimentación y la discusión compartida (Jover y García-Fernández, 2015).

4) El instrumentalismo obliga a pensar en la articulación entre medios y fines. En el instrumentalismo, como Dewey llamó a su filosofía, no hay una separación estricta de medios y fines. Todo medio es fin, en el sentido de que se pretende poner en práctica, y todo fin es medio para alguna finalidad ulterior. Esta forma de articulación permite entender un aspecto crucial de Aprendizaje Servicio desde

un punto de vista pragmático: el servicio es medio para el aprendizaje, y el aprendizaje es medio para el servicio. Las dos cosas son al mismo tiempo medios y fines. Pero esto abre una pregunta fundamental acerca del interés y su valor moral ¿Pierde la participación en programas de ApS valor, como forma de educación moral, cuando el servicio se hace en vistas a un interés propio, por ejemplo, aprender algo, obtener alguna recompensa académica o, sencillamente, sentirse bien consigo mismo? Al final del capítulo volveremos sobre esta pregunta.

Hasta aquí, de momento, el Aprendizaje Servicio. ¿Qué pasa con la educación liberal?

JOHN DEWEY Y LA EDUCACIÓN LIBERAL

Al contrario de lo que pasa en el ApS, en la literatura actual acerca de la educación liberal en la universidad, se suele proponer, de manera más o menos explícita, la figura de John Dewey como el enemigo a combatir. Junto a la propia polisemia de los conceptos «liberal» o «educación liberal», esta actitud se ve favorecida por una lectura descontextualizada de la discusión que el filósofo mantuvo, en los años treinta del siglo pasado, con el entonces Presidente de la Universidad de Chicago, Robert Maynard Hutchins, a quien me referí al principio, considerado el paladín de la educación liberal universitaria, debido a las reformas que introdujo allí, inspirado por Mortimer Adler (Jover y Gozálvez, 2012). Hutchins culpaba a la influencia que el pragmatismo de William James y John Dewey había tenido en la Universidad de Chicago, de haber provocado un clima «anti-intelectual», con su furor por el método científico y la profesionalización (Ahsmore, 2009). Esta crítica fue la antesala del libro *The Higher Learning in America*, publicado en 1936. Para hacer frente a los efectos del pragmatismo, en él Hutchins abogaba por una formación general, centrada en el cultivo de las virtudes intelectuales a través de los *permanent studies*, y en el contacto con los grandes libros de la tradición occidental que, por encima de una función utilitaria de ajuste, permitiesen descubrir lo permanentemente humano. Tras esta formación general, la universidad podría ocuparse después de las formas superiores de conocimiento (la metafísica, las ciencias sociales y las ciencias naturales), que son las que proporcionan una visión unificadora, por encima del caos reinante. Especialmente, en la propuesta de Hutchins la metafísica o estudio de los primeros principios adquiere el lugar prioritario para ocupar el puesto del pragmatismo.

Dewey compartía algunos aspectos del diagnóstico de Hutchins, pero no podía asumir su solución, que para él se basaba en dos premisas inaceptables acerca del conocimiento: a) la creencia en la existencia de principios y verdades fijas y eternas y b) la necesidad de distanciar lo más posible la educación superior de la vida social contemporánea. Dewey llega a caracterizar esta concepción del conocimiento de autoritaria y presa fácil de posiciones fascistas (Dewey, 1937a). Para él, la respuesta a la confusión de la universidad no podía buscarse en la vuelta a los autores de la tradición y en una concepción del conocimiento que ya no responde a la situación de la sociedad actual. La única alternativa posible es la que abre el conocimiento basado en la experiencia (Dewey, 1937b).

El debate con Dewey siguió prácticamente hasta el fallecimiento de éste y, aunque adquirió un tono más calmado y hubo cierta voluntad de acercamiento, nunca se pudo dar definitivamente por cerrado (Pascual, 2021b). Tuvo, además, continuidad en otras conocidas controversias, como la que mantuvieron el deweyano Sidney Hook y Mortimer J. Adler, a partir de la introducción, promovida por Hutchins y Adler, y llevada a cabo por Barr y Buchanan, del currículo basado en los *great books* de la civilización occidental en St. Johns College (Shapiro, 2004). Según Johnston (2011), lo que hacía, y quizás siga haciendo, imposible cerrar el debate iniciado por Dewey y Hutchins, es que ambos partían de presupuestos diferentes acerca de la continuidad o discontinuidad entre el mundo de los ideales morales, que dan sentido a los fines de la educación, y el mundo empírico de la vida cotidiana. Hay un límite donde estas diferencias se antojan irreconciliables.

Ahora bien, si nos quedamos solamente en esta discusión, la sensación que obtenemos es superficial y engañosa. Es preciso ampliarla, al menos en dos sentidos: el primero tiene que ver con el propio concepto de educación de Dewey y, el segundo, con la situación de la Universidad de Chicago en la que Hutchins estaba introduciendo sus reformas y los diferentes modos de entender la educación liberal en la universidad.

Sobre el primero de estos aspectos, a veces se pasa por alto que Dewey no sólo se opuso a una educación ajena a las condiciones de la vida del momento, como hizo en el debate con Hutchins, sino también a una educación profesional anti-intelectual y acientífica, limitada al entrenamiento en destrezas mecánicas. Veinte años antes de la publicación de *The Higher Learning in America*, hacia 1914 y 1915, esta oposición le había llevado a otra polémica, quizás no tan famosa como la anterior, con David Snedden, entonces Comisario de Educación de Massachusetts (Labaree, 2010; Jover y García-Fernández, 2015, pp. 37-38). Snedden defendía los beneficios de un sistema de educación vocacional o profesional, separado de una educación liberal, que preparase a las bases sociales para ser productores eficientes. Dewey, que mantuvo siempre la necesidad de pensar unidas la educación profesional y la general, criticó duramente el eficientísimo social de Snedden, sobre el que decía:

Me opongo a considerar como educación profesional ninguna formación que no tenga como su suprema inquietud el desarrollo de dicha iniciativa inteligente, el ingenio y la capacidad ejecutiva que hagan de los trabajadores, hasta el máximo posible, los señores de su propio destino industrial (Dewey, 1979, p. 411).

Con respecto a la segunda línea indicada, es necesario situar *The Higher Learning in America*, centro de la polémica, en su contexto (Pascual, 2021a). Ese contexto es el de la renovación curricular que Hutchins quiso hacer en la Universidad de Chicago, junto con Adler, en los años treinta del siglo pasado. Como ha analizado John W. Boyer en su historia de la Universidad, esa renovación suponía arrinconar el *New Plan*, como currículo de educación general, que el propio Huchings había implantado en 1931, a instancias de Chauncey Boucher, Decano de los *undergraduate studies*. Este plan consistía en un *Core curriculum* formado por cursos interdisciplinares comunes a todos los estudiantes, que eran ofrecidos con el concurso de las escuelas profesionales de la Universidad, y exámenes globales. La influencia de Adler hizo que Hutchins se fuese separando de este modelo y abrazando la idea de una formación basada en la lectura de los grandes libros. En el nuevo currículo, la formación general quedaba en manos de un *College* autónomo, con exclusión de las escuelas profesionales. *The Higher Learning in America* constituye una justificación de esta transformación curricular, que causó, no solo la crítica de Dewey, sino también una virulenta oposición de algunos profesores dentro de la propia universidad, varios de los cuales tuvieron que dimitir, incluyendo al propio Boucher. Según Boyer (2015) lo que había en juego en esta polémica era la pugna entre dos modelos diferentes de educación liberal:

Uno [el de Boucher] basado en el uso de los avances más prometedores de las ciencias sociales y naturales modernas, y levantado sobre una sólida cimentación histórica y perspectiva de desarrollo, con el objetivo de crear un mundo de conocimiento general útil para un ejercicio instruido de la ciudadanía moderna. El otro [el de Adler] buscaba recuperar con las obras del pasado una visión más coherente, y también más introspectiva del aprendizaje, que enfatiza las habilidades del aprendiz individual y la motivación apoyada en formas activas de conocimiento (p. 251).

Para entender lo que estaba pasando en la Universidad de Chicago, conviene tener en cuenta que ésta no fue pionera en la introducción de estos programas. Antes de que se hiciese en esta Universidad, en la Universidad de Columbia, en la que entonces trabajaba Dewey, se había implantado ya, en los años inmediatamente posteriores a la Primera Guerra Mundial, un currículo de educación liberal, cuyos ejes eran, inicialmente, un curso de Civilización Contemporánea, implantado en 1919, y otro de lectura de libros, el *General Honors Course,* iniciado al año siguiente en el nivel *undergradute*. El curso de Civilización Contemporánea tenía un carácter interdisciplinar y sucedía a otro sobre *War Issues*, establecido durante la contienda mundial. Más tarde se añadiría al mismo un curso de Humanidades, y se intentó hacerlo también con uno de Ciencias, aunque el intentó no prosperó. Por su parte, el *General Honors* incluía la lectura sistemática de obras maestras de la poesía, historia, filosofía y ciencia, y el debate en torno a las mismas, junto con el trabajo individual en algún campo académico bajo la supervisión de un Director (Buckler, 1954, p. 56). El mismo suponía ir a contracorriente de las tendencias que se iban decantando en las universidades norteamericanas hacia el sistema electivo, la especialización, la profesionalización y el ascenso de las ciencias (Lacy, 2008, p. 398).

Dos figuras centrales de este currículo fueron el Decano de las Facultades de Filosofía, Política y Ciencia Pura, Frederick Woodbridge, y el humanista profesor de literatura, John Erskine, que, en 1917, trabajaba ya en un seminario de lectura de libros que daría lugar, tres años más tarde, al *General Honors*, el cual quedó bajo su dirección. El trabajo que estos profesores desarrollaron en Columbia, sirvió de inspiración para las reformas que Hutchins quiso introducir una década más tarde en Chicago, tal como recordaba el propio Adler que, durante su época de estudiante en Columbia, participó en el programa de Erskine, al que luego se incorporó como profesor. Poco más tarde, el joven profesor exportaría esta idea a la Universidad de Chicago con la ayuda de Hutchins. En su autobiografía intelectual, Adler (1977) destacó la fortuna de aquel encuentro con Erskine y, recordando el origen de la expresión que se haría internacionalmente famosa para referirse a estos programas, señalaba:

La frase «grandes libros» (*great books*) no era habitual en Columbia cuando Erskine inició el *General Honors*. Los libros que leímos en ese curso, uno por semana durante dos años, se reunieron bajo el título «Classics of Western Civilization». A finales de los años veinte, cuando traté de transmitir a Bob Hutchins, convertido en Presidente de la Universidad de Chicago, el entusiasmo que sentía por el curso *General Honors* de Erskine, creo que utilicé «great books course» como referencia abreviada. La frase tuvo éxito y, en mi opinión, es un título mucho mejor para los libros que el de «clásicos». Esta palabra tiene una connotación arqueológica de monumentos desenterrados del pasado, más que documentos vivos del presente (p. 65).

De hecho, la idea, en su sentido actual, surgió, en el mundo de habla inglesa, en las dos últimas décadas del siglo XIX, bajo la influencia de autores como Matthew Arnold, el filántropo John Lubbock, o el positivista Frederic Harrison, a quien se atribuye haber sido el primero en utilizar la expresión *great books* (Larcy 2008; Pascual, 2024). En el ámbito universitario, sus antecedentes se suelen situar en el curso de Erskine en Columbia o, antes que él, en los cursos impartidos a comienzos de siglo por el profesor de inglés Charles Mills Gayley en la Universidad de California, ya con la denominación *great books*, si bien, según Larcy los antecedentes podrían llevarnos incluso algo más lejos (Larcy, 2008, p. 399).

Aunque Dewey no tomó parte directamente en la reforma curricular de Columbia, según Buchler (1954) «su influencia flotaba en el aire» (p. 50). Por ejemplo, una de las premisas que nutrían el curso de Civilización

Contemporánea era que la especialización departamental debía subordinarse al trabajo centrado en el estudiante (pp. 50 y 57), principio en el que no es difícil ver la pedagogía progresista de Dewey. Se ha sugerido que sus ideas pudieron pasar al curso, especialmente, a través de Woodbridge, compañero de Dewey en el Departamento de Filosofía, aristotélico, admirador del pragmatista, de origen español, George Santayana, que alababa los efectos prácticos de la filosofía de Dewey (Woodbridge, 1930).

Con respecto a Erskine, si bien éste apenas cita a Dewey en sus escritos, quizás también sea posible detectar cierta influencia en su propia forma de entender el valor de la lectura de los Clásicos de la Civilización Occidental, que promovía en el *General Honors*. Para este profesor, como para Dewey, la tradición tiene un valor fundamental, pero lo tiene en tanto que nos ayuda a iluminar el presente. Él veía, así, los libros, no como una obra muerta, propia de un anticuario, sino como una realidad viva, que cobra sentido en la interacción con el lector. Decía Erskine (1928):

A muchos lectores les gusta pensar que los libros, y sospecho que la vida, son mucho más estáticos de lo que yo pienso. Comparten la filosofía de aquellos que se oponen a ver a Hamlet con un traje moderno. Piensan que la tradición debería ser sagrada. Personalmente, no tengo nada en contra la tradición, y creo que esos amigos míos son tan débiles de imaginación como quienes consideran necesario poner a Hamlet con un traje de golf. Pero esta misma situación me impide aferrarme demasiado fanáticamente a la tradición (p. 20).

Para Erskine la lectura es un proceso creativo, en el que participamos y en el que reinterpretamos constantemente los libros para responder a nuestras necesidades. Los grandes libros, afirmaba, son aquellos que son capaces de ser más reinterpretados, que nos sorprenden continuamente con su verdad, incluso cuando los puntos de vista cambian. Por eso, añadía, «situamos a Homero y Virgilio y Dante, Shakespeare, Chaucer, Cervantes y Moliere tan alto, porque todavía dicen mucho, incluso a pueblos de una cultura completamente extraña, un pasado distinto, una filosofía opuesta» (p. 21).

Con ocasión del bicentenario de la creación de la Universidad de Columbia, en 1954, sólo dos años después del fallecimiento de Dewey, el profesor de Filosofía, Justus Buchler (1954) valoraba la huella que éste había dejado en el currículo de educación liberal implantado tras la I Guerra Mundial. Recordaba que, de acuerdo con la filosofía de Dewey, el carácter liberal de la educación, no depende tanto de lo que se enseñe, sino de cómo se enseñe, y citaba al filósofo pragmatista para caracterizar el estilo de la educación liberal de Columbia como un espacio de crecimiento, en el que «la ayuda que se da ... al ejercicio de la inteligencia de los estudiantes es una ayuda para la libertad, no una restricción de la misma» (pp. 132-134).

Conclusión

Dewey no es el demonio de la educación liberal al que haya que combatir. Él no se opuso a este tipo de educación, no podía hacerlo, teniendo él mismo una mentalidad liberal. A lo que se opuso fue a una educación que entendiese el conocimiento y el mundo como algo estático y perenne. No es por ello raro que una buena conocedora de Dewey, Martha Nussbaum (2010), haya apelado precisamente a él en su defensa de una educación liberal que haga frente al mercantilismo reinante en el mundo educativo. Nussbaum recuerda que Dewey no era demasiado partidario del método de los grandes libros, porque pensaba que éste podía provocar que el intercambio intelectual se viera reemplazado por la exclusiva referencia a fuentes de autoridad. Él prefería el método socrático. Pero, añade Nussbaum, «se malinterpreta a Dewey cuando se afirma que despreciaba las humanidades y sostenía que todo aprendizaje debía ser útil como mero instrumento para algún fin practico. Lo que Dewey despreciaba (...) era el aprendizaje abstracto desvinculado de la vida humana, pero su concepción de esta última no era restringida ni reduccionista, sino que ponía el acento en las relaciones humanas provistas de significado, sentimientos y curiosidad» (pp. 121-122).

Se dice a veces que la educación liberal es una educación desinteresada. No es cierto. Como en toda empresa humana, late en ella un interés. Eso sí, no se trata de un interés centrado en el beneficio inmediato, sino de un interés amplio, relacionado con el tipo de persona al que aspiramos. Como ha señalado Freedman, el interés de la educación liberal es el interés por la libertad, entendida como condición personal, la independencia de mente, el escepticismo hacia cualquier preconcepción, etc., objetivos desde los que no duda en adscribir a John Dewey entre sus grandes defensores (Freedman, 2003, pp. 55-56). Algo parecido cabe entonces preguntarse con respecto al Aprendizaje Servicio. Para que la participación en estos programas tenga valor educativo y ético, ¿debe ser desinteresada? ¿Qué respuesta cabe dar a esta pregunta desde la filosofía pragmática de Dewey?

El significado moral del interés es abordado por Dewey en el último capítulo de su obra *Democracia y educación*. En él, Dewey se opone a la contraposición kantiana de obrar por interés y de obrar por deber o por principios. Esta contraposición supone la existencia del yo como algo anterior a la acción. Pero, como hemos visto, para Dewey, el yo no es algo fijo que se proyecta en la acción, sino una realidad en continua formación que se realiza en las elecciones de la acción. En cualquier elección existe un interés en el género de yo que se prefiere ser. El interés está siempre en la construcción del yo, hasta el punto que Dewey llega a identificarlos. Yo soy mis intereses.

El interés más rico en un sentido moral es el que abre mayores posibilidades de crecimiento en la vida asociativa, que Dewey identifica con la vida moral. La propuesta educativa que corresponde a esta idea del interés y de la vida moral es aquella en la que, dice Dewey «el aprender es el acompañamiento de actividades u ocupaciones continuas que tienen una finalidad social y que utilizan los materiales de las situaciones sociales típicas (…) El interés por aprender [de] todos los contactos de la vida es el interés moral esencial» (Dewey, 1995, p. 300; cotejado con Dewey, 2007, pp. 258-259).

Esta sentencia, con la que Dewey termina *Democracia y educación*, encierra un programa de Aprendizaje Servicio. Pero encierra también una de las grandes limitaciones que se han señalado a la narrativa pragmática de esta metodología basada en Dewey, y a la propia filosofía de la educación de éste. Hacer del interés por aprender el interés moral esencial supone el riesgo, como ha señalado Stoecker, de poner el servicio a disposición del aprendizaje, convertirlo en un mero medio, instrumentalizarlo, minusvalorando así su valor social (Stoecker, 2016, p. 11). El servicio que se presta a los demás, a los más desfavorecidos, y éstos mismos, adquieren valor, entonces, en tanto me ayudan a aprender o formarme moralmente ¡Bonita lección moral!

En su comentario al último capítulo de *Democracia y educación*, en el que Dewey desarrolla su visión educativa del interés, Phillips (2016) ha señalado la dificultad última con la que, para muchos, choca su filosofía pragmática de la educación: la imposibilidad de ofrecer un criterio claro de demarcación moral, más allá de su imprecisa apelación al crecimiento que hace posible seguir creciendo (pp. 187-194). Pero Phillips deja abierta la duda acerca de si la propia filosofía de Dewey permite remontar esta dificultad, que parece abocarnos a una especie de relativismo (p. 194). Así, por ejemplo, Kohlberg no tuvo dificultad para insertar el pragmatismo deweyano en su diseño de una educación moral basada en aspiraciones universalistas. Entre ambas perspectivas existe una línea de continuidad que justifica la posibilidad, y la conveniencia, tanto en el plano teórico como en el práctico, de complementar las prácticas de Aprendizaje Servicio con propuestas como la comunidad justa de Kohlberg. Hemos sugerido que su combinación puede ayudar a evitar las posibles limitaciones de esta metodología, sin necesidad de apelar a una visión vertical de la moralidad, como plantea Hare (2002), en el espíritu de una educación liberal atenta a la construcción de un *ethos* democrático en una sociedad plural (Jover y Gozálvez, 2024).

REFERENCIAS

Addams, J. (1893). The Subjective Necessity for Social Settlements. En J. Addams, R. A. Woods, J. O. S. Huntington, F. H. Giddins, B. Bosanquet y H.E. Adams (Eds.), *Philanthropy and Social Progress* (pp. 1-26). Thomas Y. Crowell & Co.

Adler, M. J. (1977). *Philosopher at large: an intellectual autobiography*. Macmillan.

Ashmore, H. S. (2009). Introduction to the Transaction Edition. En R. M. Hutchins, *The Higher Learning in America*. Transaction Pub.

Boyer, J. W. (2015). *The University of Chicago: A History*. The University of Chicago Press.

Buckler, J. (1954). Reconstruction in the Liberal Arts. En D. C. Miner (Ed.), *A History of Columbia College on Morningside* (pp. 48-135). Columbia University Press.

Camas, L. (2021). Jane Addams y la educación socializada en el pleasure ground. *European Journal of Pragmatism and American Philosophy*, *13*(2), e2622. https://doi.org/10.4000/ejpap.2622

Dewey, J. (1937a). John Dewey's Page: President Hutchins' Proposals to Remake Higher Education, *Social Frontier*, *22*(3), 103-104.

Dewey, J. (1937b). The Higher Learning in America. *Social Frontier*, *24*(3), 167-169.

Dewey, J. (1979). Education versus Trade-Training: Reply to David Snedden. En J. A. Boydston (Ed.), *The Collected Works of John Dewey. The Middle Works, 1899-1924, volume 8: 1915* (pp. 411-413). Southern Illinois University Press.

Dewey, J. (1995). *Democracia y educación*. Morata.

Dewey, J. (2007). *Democracy and Education*. Echo Library.

Dewey, J. (2008). From Absolutism to Experimentalism. En J. A. Boydston (Ed.), *The Collected Works of John Dewey. The Later Works, 1925-1953, volume, 5: 1929-1930* (pp. 147-162). Southern Illinois University Press.

Erskine, J. (1928). *The Delight of Great Books*. The Bobbs-Merrill Co.

Freedman, J. O. (2003). *Liberal Education and the Public Interest*. University of Iowa Press.

García-Fernández, A., Jover, G. y Sánchez-Serrano, S. (2019). Alineamiento del aprendizaje servicio con el marco del Espacio Europeo de Educación Superior: un cuestionamiento desde la filosofía pragmática de la educación. En J. L. Fuentes (Ed.), *De la teoría a la práctica en el compromiso cívico* (pp. 113-133). Octaedro.

González-Geraldo, J. L., Jover, G. y Martínez, M. (2017). La ética del Aprendizaje Servicio en la universidad: una interpretación desde el pragmatismo. *Bordón. Revista de Pedagogía*, *69* (4), 63-78. https://doi.org/10.13042/Bordon.2017.690405

Hamington, M. (2022). Jane Addams. En E. N. Zalta y U. Nodelman (Eds.), *The Stanford Encyclopedia of Philosophy* (Fall 2022 Edition). https://plato.stanford.edu/archives/fall2022/entries/addams-jane

Hare, J. E. (2002). Kantian moral education and service-learning. En G. G. Heffner y C. D. Beversluis (Eds.), *Commitment and Connection:*

Service-Learning and Christian Higher Education (pp. 73-95). University Press of America.

Hutchins, R. M. (1936). *The Higher Learning in America*. Yale University Press.

Igelmo, J. y Jover, G. (2019). Cuestionando la narrativa del aprendizaje servicio a partir de dos iniciativas de extensión social universitaria de orientación católica en la década de 1950 en España. *Utopia y Praxis Latinoamericana. Revista Internacional de Filosofía y Teoría Social, 24*(87), 151-162. http://doi.org/10.5281/zenodo.3464055

Johnston, J. S. (2011). The Dewey-Hutchins Debate: A Dispute over Moral Teleology. *Educational Theory, 61*(1), 1-16. https://doi.org/10.1111/j.1741-5446.2011.00388.x

Jover, G. y García-Fernández, A. (2015). Relectura de la educación por competencias desde el pragmatismo de John Dewey. *Education in the Knowledge Society, 16*(1), 32-43. http://dx.doi.org/10.14201/eks20151613243

Jover, G. y Gozálvez, V. (2012). La universidad como espacio público: un análisis a partir de dos debates en torno al pragmatismo. *Bordón. Revista de Pedagogía, 64*(3), 39-52.

Jover, G. y Gozálvez, V. (2024). Service learning and the just community: Complementary pragmatist forms of civic character education. *Theory and Research in Education, 22*(1), 71-88. https://doi.org/10.1177/14778785241227076

Kohlberg, L. (1987). El enfoque cognitivo-evolutivo de la educación moral. En J. A. Jordán, y F. F. Santolaria (Eds.), *La educación moral hoy: cuestiones y perspectivas* (pp. 85-114). PPU.

Labaree, D. F. (2010). How Dewey Lost: The Victory of David Snedden and Social Efficiency in the Reform of American Education. En D. Trohler, T. Schlag. y F. Osterwalder (Eds.), *Pragmatism and Modernities* (pp. 163-188). Sense Publishers.

Lacy, T. (2008). Dreams of a Democratic Culture: Revising the Origins of the Great Books Idea, 1869-1921. *Journal of the Gilded Age and Progressive Era, 7*(4), 398-441. https://doi.org/10.1017/S1537781400000840

Martin, J. (2000). *The Education of John Dewey: A Biography*. Columbia University Press.

Nussbaum, M. C. (2010). *Sin fines de lucro. Por qué la democracia necesita de las humanidades.* Katz.

Pascual, A. (2021a). Estudio Introductorio. Una educación general en la universidad. En R. M. Hutchins, *La Educación Superior en América* (pp. 11-57). Eunsa.

Pascual, A. (2021b). Epílogo. John Dewey ante *The higher learning in America*. El último asalto de la pelea de Chicago. En R. M. Hutchins, *La Educación Superior en América* (pp. 163-202). Eunsa.

Pascual, A. (2024). La concepción positivista de los Grandes Libros Frederic Harrison y la recepción victoriana de la Bibliothèque de Auguste Comte. *Revista Internacional de Teoría e Investigación Educativa*, 2, e89176. https://doi.org/10.5209/ritie.8917

Phillips, D. C. (2016). *A Companion to John Dewey's «Democracy and Education»*. The University of Chicago Press.

Seigfried, C. H. (1996). *Pragmatism and Feminism: Reweaving the Social Fabric*. The Chicago University Press.

Seigfried, C. H. (1999). Socializing Democracy: Jane Addams and John Dewey. *Philosophy of the Social Sciences 29*(2), 207-230. https://doi.org/10.1177/0048393199029002

Shapiro, E. S. (2004). Sidney Hook, Higher Education, and the New Failure of Nerve. En M. J. Cotter (Ed.), *Sidney Hook Reconsidered* (pp. 183-201). Prometheus Books.

Stoecker, R. (2016). *Liberating Service Learning and the Rest of Higher Education Civic Engagement*. Temple University Press.

Woodbridge, F. J. E. (1930). Experience and Dialectic. *The Journal of Philosophy*, *27*(10), 264-271.

EL SEÑOR SCROOGE
Y EL APRENDIZAJE-SERVICIO:
ENTRE LA CAPACIDAD TRANSFORMADORA
DE LAS EXPERIENCIAS ÉTICAS Y EL ASOMBRO*

Juan Luis Fuentes
(*Universidad Complutense de Madrid*)

Tania García-Bermejo
(*Universidad Nacional de Educación a Distancia*)

* Este capítulo se enmarca en el contexto del Proyecto de Investigación I+D+I «La universidad contemporánea ante el debilitamiento de la democracia: discursos de odio y polarización política» (PID2023-148766NA-I00), financiado en la convocatoria «Proyectos de Generación de Conocimiento», en el marco del Plan Estatal de Investigación Científica, Técnica y de Innovación 2021-2023.

INTRODUCCIÓN

En 1843, Charles Dickens publicó la novela corta *Cuento de Navidad*, cuyo protagonista, el señor Scrooge, experimenta un proceso de transformación vital en el último tramo de su existencia, cuando la muerte le acechaba. Un viejo amigo ya fallecido se le aparece para anunciarle la visita de tres espectros, que pretenden promover la reflexión sobre su propia vida poniendo la atención sobre tres momentos temporales distintos: pasado, presente y futuro. Del relato de Dickens y, más específicamente, de la figura de Scrooge, pueden desprenderse al menos tres ideas pedagógicamente relevantes. La primera tiene que ver con las limitaciones de afrontar la existencia estrictamente desde una perspectiva racional, lo que quizá no implique necesariamente actuar de manera inmoral, pero prescinde de barreras emocionales que permiten leer la compleja realidad en toda su profundidad, ser sensible a las necesidades de los otros, experimentar emociones que permitan ir un paso más allá de lo estrictamente imprescindible. Como señalaron algunas teorías de la educación moral que mostraron su disconformidad con el reduccionismo de los planteamientos cognitivistas de Kohlberg (Vid. Noddings, 2009), la racionalidad, aunque obviamente necesaria, no alcanza para comprender en toda su extensión las relaciones humanas, por lo que su exclusiva comparecencia no consigue abarcar la multidimensional realidad del ser humano, que se escapa a la lógica, que se resiste a ser medida, resultando inconmensurable en términos numéricos. Para Noddings, la emoción es la fuerza que propicia el interés por el otro, la semilla de la preocupación por su necesidad o sufrimiento y el principal estímulo que provoca la respuesta consecuente. Scrooge mira el mundo precisamente desde la cuantificación, la racional cuenta de resultados y, por ello, cuando se solicita su ayuda para los más vulnerables responde fríamente: *si la gente muere, se hace un favor a la superpoblada sociedad.*

En otro texto de la literatura española, se observa una figura con una posición vital muy cercana a la de Ebenezer Scrooge, representada en el poste de la luz que cobra cierta forma de vida en la primera estancia de la obra de Fernández Florez, *El bosque animado* (1966). A su llegada al paraje natural, se pregunta retóricamente lo siguiente, al ser interpelado por los árboles:

«¿Para qué quiero yo sostener nidos de pájaros y soportar sus arrullos y aguantar su prole? ¿Me ha tomado usted por una nodriza? ¿Cree que soy capaz de alcahuetear amoríos? Puesto que usted me habla de ello, le diré que repruebo esa debilidad que induce a los árboles de este bosque a servir de hospederos a tantas avecillas inútiles que no alcanzan más que a gorjear. Sepa de una vez para siempre que no se atreverán a faltarme al respeto amasando sobre mí briznas de barro. Los pájaros que yo soporto son de vidrio o de porcelana, y no les hace falta plumaje de colorines ni lanzarán un trino por nada del mundo ¿Cómo podría yo servir a la civilización y al progreso si perdiese tiempo con la ería de pajaritos?» (p. 826).

Scrooge y el poste de la luz animado comparten una singular preocupación por la utilidad que obnubila la capacidad de apreciar la belleza, de percibir y sentir los detalles de la realidad, no con un fin extrínseco o instrumental que sumerge al individuo en una búsqueda infinita y agotadora, sino como un bien en sí mismo.

La segunda idea que merece la pena destacar en el texto de Dickens alude al hecho de que si Scrooge no actuaba mal, ni tenía intenciones explícitamente perniciosas frente a otros, ni se regía por principios morales a priori rechazables ¿qué razones encontramos para cuestionar su trayectoria vital?, ¿qué podría requerir razonablemente en él una nueva forma de existencia? Quizá el signo más evidente de su debilidad era su incapacidad para sonreír. Un carácter agrio e irascible parecía intuir algo de naturaleza más profunda, a saber, una incapacidad para alcanzar la felicidad, que se define como el más alto gozo, la más plena satisfacción o la experimentación del placer en su grado más excelso. En una conversación con su sobrino, el viejo le pregunta:

> ¿Qué derecho tienes a ser feliz? ¿Qué motivos tienes para estar feliz? Eres pobre de sobra. –Vamos, vamos –respondió el sobrino cordialmente. –¿Qué derecho tienes a estar triste? ¿Qué motivos tienes para sentirte desgraciado? Eres rico de sobra (2009, p. 17).

Se intuye una carencia que va más allá de la inexistencia del mal y nos remite a pensar sobre la negación del bien en la vida de Scrooge, como motivo de alegría y principio de serenidad y profunda paz. No puede decirse que Ebenezer Scrooge fuera un hombre malo, si bien no destacaba por su cordialidad, netamente no obraba el mal, no se proponía actuar en contra de nadie, de hecho, no tenía tiempo para ello. Una de sus frases en los primeros momentos de la historia, cuando recibe una visita en su estableci- miento solicitando ayuda para los pobres resume bien su posición vital: «A un hombre le basta con dedicarse a sus propios asuntos sin interferir en los de los demás. Los míos me tienen a mí continuamente ocupado. ¡Buenas tardes, caballeros!» (Dickens, 2009, p. 22). En su ajetreada vida, no había lugar para pensar sobre el bien o sobre el mal.

En tercer lugar, cabe poner la mirada pedagógica sobre aquello que produjo la transformación en el protagonista del cuento de Dickens, tras la visita de los tres espectros. ¿Qué acontecimiento o estímulo provocó un cambio tan relevante en Scrooge para que él mismo se definiera como otro hombre? ¿Dónde reside el potencial transformador de la experiencia que le llevó a ser capaz de alegrarse, de bromear, de deslizarse por el hielo por diversión, de preocuparse por los otros sin otro fin que el disfrute mismo, entendido en un sentido elevado, no meramente superficial? Y más concre- tamente, es necesario analizar la naturaleza de aquel estímulo para indagar sobre la posibilidad de trasladar una historia fantástica a la vida real, sal- vando las distancias con las específicas coordenadas espacio-temporales del personaje novelesco.

Así pues, el objetivo de este capítulo es, partiendo de estas tres ideas sugeridas en el cuento de Dickens, profundizar en el estudio de las aporta- ciones de la metodología del Aprendizaje-Servicio (ApS) a la configuración del carácter ético de los individuos. Para ello, pondremos la atención en el análisis de dos elementos, por un lado, en la capacidad transformadora de las acciones éticas y, por otro, en las experiencias de asombro, entendidas como oportunidades pedagógicas con una aportación singular, susceptibles de ser promovidas por esta metodología docente.

LA FORMACIÓN DE LA RESPONSABILIDAD EN LA UNIVERSIDAD Y LA CAPACIDAD TRANSFORMADORA DE LAS ACCIONES ÉTICAS

Las llamadas a la acción en favor de un bien han sido utilizadas por líderes de distinto tipo a lo largo de la historia, con fines de mayor o menor grado de moralidad. Quizá entre las más conocidas se encuentra la recogida en lo que se considera uno de los libros más leídos de siempre, la Biblia. Concretamente, en el Evangelio de Mateo (25,14-30) se presenta la parábola de los talentos, mientras que en el de Lucas se lee una versión similar en la parábola de las minas (19, 11-27). El mensaje de estas palabras defiende la necesidad de la acción frente a la inacción, la valentía frente al miedo, la responsabilidad y el trabajo ante la pereza, la utilidad en su sentido más pleno y las altas expectativas frente al conformismo. Sin pretender entrar más allá en el contenido de los tres siervos a quienes se les encargan distintos recursos y obtienen diferentes resultados, puede sorprender la respuesta del señor cuando, tras volver de su ausencia, pide cuentas a los empleados. Y específicamente, llama la atención la dureza con la que recrimina al tercero de ellos, a quien menos recursos le confió y quien menos tiempo y trabajo dedicó para su mejora y ampliación.

Se encuentra cierto paralelismo entre esta parábola y la historia de Scrooge, pues no puede decirse que se halle mal objetivo en el comportamiento del tercer siervo, sino más bien una ausencia del bien que es concebida como mal en sí mismo. Podríamos asemejarlo al principio legal que condena en determinadas circunstancias la omisión o abstención de igual forma que la acción, por incumplir un deber de socorro, la contribución al mantenimiento de una situación injusta que tiene una consecuencia sobre la realidad. Ahora bien, en derecho, la norma establece como condición que el delito cometido por omisión debe ser equivalente a la causación de un mal, es decir, solo se considera infracción legal cuando la omisión puede considerarse, en cierta medida, causa del acontecimiento no deseado. En otras palabras, si la omisión de la acción contribuye a que el mal se mantenga o puede evitar que ocurra.

Otra perspectiva algo diferente se encuentra en una conocida frase remanente en el imaginario colectivo y atribuida al padre del liberalismo conservador británico, Edmund Burke. En la línea de lo señalado anteriormente, se dice que el filósofo proclamaba que *para que el mal triunfe solo se necesita que los hombres buenos no hagan nada*, ampliando de esta manera la responsabilidad no solo a quienes cometen explícitamente el mal, sino también y de manera directa a quienes teniendo la capacidad de hacerlo, no promueven el bien y contribuyen al mal por omisión. No obstante, ahondando en la literalidad de la cita, encontramos un relevante matiz que parece haberse perdido en las palabras anteriores. En *Pensamientos sobre las causas del actual descontento*, publicado en 1770, Burke afirmaba que: «When bad men combine, the good must associate; else they will fall, one by one, an unpitied sacrifice in a contemptible struggle» (p. 71). Se subraya así no solo la necesidad de actuar con una orientación hacia el bien determinado, sino, además, la relevancia de la cooperación para afrontar retos cuyo carácter va más allá de lo estrictamente individual, que no pueden ser conseguidos si no es con la suma de la comunidad. En este sentido, son también conocidas las palabras del discurso inaugural de John Fitzgerald Kennedy en 1961, en el que hacía dos alusiones a la acción. Por un lado, una dirigida a sus compatriotas, cuando solicitaba «ask not what your country can do for you, ask what you can do for your country», y una segunda, de carácter más amplio y cosmopolita, dirigida a los conciudadanos del mundo, proclamaba «ask not what America will do for you, but what together we can do for the freedom of man». Hay varias cuestiones significativas en este planteamiento sobre las que merece la pena detenerse cuando hablamos de ApS. La primera de ellas se refiere a una crítica de fondo a esta metodología. Así, cabe preguntarse: ¿de quién es la responsabilidad de los problemas sociales?, ¿debe la escuela, la universidad o las instituciones educativas asumir como propia esta tarea?, ¿puede razonablemente implicar a los estudiantes en ello? Y, más específicamente, ¿se justifica pedagógicamente tal asunción de responsabilidades?

Existen al menos tres razones por las cuales es posible justificar pedagógica, cívica y moralmente la participación del sistema educativo y, más concretamente, la educación universitaria, en la resolución de los problemas sociales mediante la metodología del ApS. Ahora bien, previamente, es preciso señalar que aceptar que los educadores tienen el deber moral de contribuir desde las instituciones educativas a la mejora de la sociedad –no en el horizonte de un futuro por venir, sino en el mismo presente– no significa sustituir al estado u otros agentes de la sociedad civil en tal responsabilidad, sino más bien concebirse a sí mismos como parte activa de dicha sociedad que se preocupa en su conjunto por lo común, lo público, lo de todos, no solo en términos económicos, sino más allá del mero bienestar material que no agota las preocupaciones de los ciudadanos.

Una participación cívica y política amplia, diversa y en el diálogo común

La primera razón cabe encontrarle en la crítica de Sandel (2020) a la división social ocasionada por la meritocracia, donde defiende una ética de la humildad y la solidaridad como requisitos para alcanzar el bien común, que se articule mediante una participación cívica amplia. Pero no se trata de una participación monolítica sino diversa, adaptada a las posibilidades de cada individuo, donde se reconozca la dignidad propia de su actividad, al mismo tiempo que su potencial contribución. Esta concepción se opone a la propuesta *epistocrática* de Brennan (2018), entendida como el poder de los más sabios, como alternativa al imperfecto sistema democrático. Para Brennan, la trascendencia de las decisiones democráticas es de tal calado, que no puede dejarse al juicio inexperto de quienes no están capacitados, ni informados, ni piensan racionalmente, ni están interesados en la política, ni son conscientes de las consecuencias de sus decisiones. O lo que es lo mismo, según este autor, la mayor parte de la ciudadanía. Además, defiende que «es más probable que las formas de compromiso político más comunes corrompan y embrutezcan a las personas que las ennoblezcan y eduquen» y en consecuencia «tenemos motivos razonables de peso para no animar a cada vez más ciudadanos a participar en la política, a ver las noticias políticas o a participar en la deliberación política».

En contraposición, Sandel (2020) atribuye la situación de polarización política actual –en la que parece más difícil encontrar un matrimonio de personas de distinto partido político que de distinta religión–, precisamente a la soberbia de las élites triunfadoras que provoca rencor en los perdedores, por la injusticia de la situación, al mismo tiempo que alimenta la separación entre ellos por la desconfianza generada hacia sí mismos, quienes son percibidos como cómplices de su desgracia. En otras palabras, para el filósofo estadounidense el progresivo enfrentamiento entre clases sociales ha sido generado por una excesiva concepción de la responsabilidad individual en la posición social que se posee, entendiendo que quienes gozan de una situación privilegiada se debe exclusivamente a su propio mérito y trabajo, mientras que quienes se encuentran en los niveles menos favorecidos lo hacen contrariamente por su desmérito y falta de esfuerzo. En este sentido, altos niveles de formación y, de manera específica, los títulos universitarios son hoy signo de desarrollo personal y de estima social, y son susceptibles de generar un duro juicio con quienes no han estudiado en la universidad, al mismo tiempo que una indiferencia u olvido hacia cuestiones cívicas y morales tales como:

> ¿Qué deberíamos hacer a propósito del aumento de la desigualdad?, ¿qué significación moral tienen las fronteras nacionales?, ¿qué contribuye a la dignidad del trabajo?, ¿qué nos debemos los unos a los otros como ciudadanos? (p. 41).

En efecto, para Sandel, hechos como que la mayor parte de quienes votaron a Trump o apoyaron el Brexit eran principalmente no universitarios, apoya las tesis de que los lazos cívicos se han debilitado, de que hemos perdido la capacidad de pensar juntos sobre cuestiones públicas, de escucharnos unos a otros, de reunirnos para conversar con distintos puntos de vista, negociar, vivir en la diversidad e interesarnos por el bien común. Y ello, requiere, entre otras cuestiones de una actitud humilde por parte de quienes están en posiciones aventajadas –como quienes han tenido la posibilidad de acudir a la universidad–, acercándose a la sociedad, a sus problemas y necesidades. Significativamente, un reciente informe de Campus Compact (2024), una de las organizaciones pioneras y actualmente de referencia en el ApS, ante la polarización y división de las universidades, defiende la necesidad de reforzar el diálogo y la participación democrática en los asuntos públicos de todos los miembros de la sociedad, así como articular nuevas metodologías que permitan crear un nuevo discurso en la educación superior. Además, en un estudio realizado en varias universidades y con la participación de líderes de organizaciones sociales, se encuentra que el «92.5% agreed or strongly agreed that their campus needs resources and training on the intersection of civil discourse and public engagement» (p. 2).

El reconocimiento de la interdependencia como característica específicamente humana

La segunda razón por la que es justificable una acción explícita del sistema educativo frente a la realidad social se fundamenta en el *reconocimiento de la interdependencia de los seres humanos*, que la pandemia del Covid-19 ha puesto en evidencia de manera cruel. Esta condición humana hace imprescindible una acción coordinada con los otros que requiere además caminos de ida y vuelta, que no exige a todos por igual en cada momento sino que requiere de actuaciones distintas entre unos y otros. De esta forma, podemos decir que en cuanto que nuestra pervivencia requiere de la acción cívica de los otros, la ausencia de acción podría concebirse como una omisión. Si durante la pandemia el personal sanitario, retenido por el miedo a la exposición al contagio, hubiera decidido no acudir a sus puestos de trabajo, habría muerto mucha más gente de la que desgraciadamente lo hizo. Si los responsables del transporte de alimentos no hubieran cumplido con sus obligaciones laborales, muchas personas habrían pasado hambre. Si los docentes de los centros escolares no se hubieran adaptado, con mayor o menor éxito, a los entornos virtuales, muchos niños, especialmente los más vulnerables habrían experimentado de manera más virulenta el desfase escolar. Y si la mayoría de los ciudadanos no hubieran atendido las indicaciones de las autoridades de quedarse en casa o de usar mascarillas, los contagios y su sufrimiento asociado habrían sido mucho mayores.

Por ello, en la medida en que cumplir con los deberes cívicos tiene consecuencias relevantes para el bienestar del resto de los ciudadanos se convierte en un factor de significación moral. Un factor que no depende en exclusiva de los Estados, ni se puede esperar razonablemente que sea satisfecho plenamente por las instituciones o administraciones públicas, aunque tampoco se pueda prescindir de ellas para su plena realización. La sociedad civil no puede ser reemplazada ni sustituida en su iniciativa ni en responsabilidades con la justicia social en la esfera pública (Millán-Puelles, 1976; Redondo-Corcobado y Fuentes, 2022). Pero el sistema educativo no puede percibirse únicamente como una extensión de los gobiernos, pues aparte de los peligros que ello supondría para la autonomía educativa y la calidad de la democracia, se conforma de ciudadanos que no pueden prescindir de sus obligaciones cívicas ni políticas (Suissa, 2015), lo que supone ir más allá de mirarse exclusivamente a sí mismo *a sus propios asuntos sin interferir en los de los demás*, como diría Scrooge.

La experimentación profunda del bien como requisito para vivir en él

La tercera razón se fundamenta en el principio de que una educación que aspire a promover, de acuerdo con el artículo 26.2 de la Declaración Universal de los Derechos Humanos, «el pleno desarrollo de la personalidad humana», debe ser garantía de que los estudiantes tienen oportunidades para descubrir, conocer en profundidad y experimentar el bien. El médico y pedagogo polaco Janusz Korzack ejemplificó en sus textos de manera clara la necesidad de una educación fundamentada en la idea del compromiso ético-cívico. Este compromiso se observa también en su propia vida, donde abandonó los privilegios de una familia acomodada y de una posición privilegiada en el hospital donde ejercía como pediatra para dirigir durante tres décadas una de las casas de huérfanos de Varsovia, Dom Sierot. Y también se observa en su muerte, a la que acudió voluntariamente, liderando el grupo de más de doscientos niños con la bandera verde con un trébol de cuatro hojas que ondeaba en el vagón de tren que esperaba a llevarles desde la estación de Danzinger hasta el campo de concentración de Treblinka, en el que todos, incluido Korczak, fueron exterminados.

Admirador de Pestalozzi y de su tríada, cabeza, mano y corazón, detestaba el trabajo administrativo, que no el intelectual, llegando a escribir una veintena de libros y más de mil artículos, lo que no evitó que fuera una persona de acción, centrada en la práctica y en la atención de los niños de su centro en los cuales se encontraban en situaciones de grandes carencias que se vieron agravadas por su condición de judíos, que le llevó dramáticamente al gueto de Varsovia y a mirar al dolor y al mal a la cara. En sus propias palabras (Korczak, 2018):

> Agonizan por culpa del frío. Algunas estufas sólo han funcionado entre cinco y diez días durante el invierno entero; los niños, de tres en tres, o de cuatro en cuatro, han permanecido en la cama las veinticuatro horas del día, tapados con tres colchas y mantas y dándose calor mutuamente. Se mueren de hambre. Suficiente daño causa la irreparable inanición crónica. Lo realmente fatal es el debilitamiento del instinto de supervivencia entre la mayoría de los niños (p. 202).

El contacto con el sufrimiento y la muerte de los niños no le llevó a desfallecer, sino que aumentó su compromiso con ellos. Le motivó a trabajar, a escribir y a investigar más, a quejarse a las autoridades y al activismo, a pensar más, a actuar con esperanza frente al mal (Liebel y Markowska-Manista, 2020). No se detuvo, lo miró de frente, no sin momentos de debilidad, pero no le paralizó. Y ello tampoco fue obstáculo para pensar no solo en sobrevivir, en el bienestar material, sino también en vivir vidas activas para él y para sus niños, quienes adquirían grandes responsabilidades en la gestión del orfanato donde vivían:

> Un niño tiene derecho a querer, a advertir, a exigir. Tiene derecho a crecer, a desarrollarse y a dar sus frutos, cuando sea mayor. El objetivo de la educación, sin embargo, consiste en: no alborotar, no romper los zapatos, obedecer y cumplir lo que se manda, no criticar, sino creer que todo sirve únicamente para su bien (Korczak, 1976, p. 152).

Su concepción antropológica de la infancia como personas completas y no individuos en construcción, entendidos como fines en sí mismos con derecho a una vida plena, sujetos activos de derechos y agentes activos en sus comunidades locales, han llevado a Korczak a ser considerado uno de los precursores de los derechos de la infancia, así como un servidor civil que no solo se limita como educador a transmitir el conocimiento socialmente aceptado a las futuras generaciones, sino que aspiró a mejorar la sociedad como agente de cambio (Shner, 2015). Sin embargo, quizá lo más significativo para nuestro argumento eran las oportunidades de experiencias éticas que ofrecía a los niños de su centro. En uno de sus relatos en *Diario del gueto*, narra la siguiente dramática pero ilustrativa situación:

> Ocurrió en el dormitorio de la calle Dzielna. Precisamente me tocaba hacer la ronda. Ya estaba un poco oscuro. Me detuve en una cama en la que había un niño acostado. Pensé que estaba enfermo y que lo habían olvidado, porque esto sucedía a menudo.
> Me incliné y vi que el niño había fallecido.
> Y justo en aquel momento entró otro párvulo y puso una rebanada de pan con mermelada sobre la almohada del muerto.
> —¿Por qué le das eso?

—Porque es su ración.

—Está muerto.

—Ya lo sé que está muerto.

—¿Cómo lo sabes?

—Bueno… Antes tenía los ojos abiertos y le salían burbujas por la boca y la nariz. Mire, esta mancha de la almohada es su saliva. Porque después ha cerrado los ojos y ha dejado de respirar.

—Entonces ¿por qué le das el pan?

—Porque es su ración —dijo el pequeño, molesto por el hecho de que alguien le hiciera preguntas innecesarias y porque yo, el gran Doctor, no fuera capaz de comprender algo tan sencillo.

—Esta es su ración. Vivo o muerto, tiene derecho a recibir su pan con mermelada (Korczak, 2018, pp. 208-209).

Sorprende el compromiso con el bien del niño de la mermelada, incluso en una situación de extrema tragedia como la muerte de un compañero, que no por habitual en aquel contexto reduce su crudeza. Un compromiso que se escurre entre los parámetros de una lógica utilitarista que no aceptaría que en el contexto de necesidad y pobreza, se perdiera una sabrosa y nutritiva rebanada de pan. Sin embargo, la altura moral mostrada por el pequeño es reflejo de una bondad tan suprema que incluso nos resulta difícil de comprender, como le ocurría al propio Korczak. El niño podría haberse comido él mismo el pan y no habría motivos razonables para recriminárselo, para descubrir en ello un halo de maldad. También podría discutirse si realmente proporcionó algún beneficio a alguien al dejar el pan sobre la almohada, pues, al fin y al cabo, su compañero yacía ya inerte en la cama, hecho del que era plenamente consciente. Sin embargo, el bien generado le abarcaba también a él como agente de la acción. Le insertaba en una comunidad en la que los comportamientos éticos de cada uno de sus miembros eran parte constituyente y garantía de su sostenimiento común.

Así, puede decirse que lo bueno me constituye como persona, me forma y moldea, poseyendo el potencial de significar la propia existencia sin la necesidad de un rendimiento instrumental añadido, como el beneficio económico o el reconocimiento social. Esto se observa también con claridad en la historia de Franz Kafka en el parque Steglitz de Berlín, de la que únicamente tenemos constancia por la narración de su pareja, Dora Dymant, quien relató que en el año previo a su muerte por tuberculosis, se encontró a una niña llorando porque había perdido a su muñeca. Ante la tristeza de la pequeña, Kafka la consoló diciéndole que su muñeca no estaba perdida, sino de viaje, y él era el cartero que le traería sus cartas. Durante tres semanas le escribió varias decenas de cartas, describiéndole los lugares por los que viajaba a través de textos que hasta el momento no han sido encontrados, pero que han sido razonablemente figurados por el escritor infantil y juvenil Jordi Sierra (2017). En su libro *Kafka y la muñeca viajera* explora las motivaciones de un Kafka reflexivo que se pregunta si «¿Salvar a una niña no era como salvar al mundo?» (p. 85). Mientras que en la voz de la muñeca dirigida a la pequeña afirma que «Lo hermoso de crecer es que cada día suceden cosas nuevas, y la vida es un regalo» (p. 98), y más adelante: «el futuro no es un problema por resolver, sino un misterio por descubrir. Hay lugares en el mundo que cambian a las personas, y África es uno de ellos» (p. 99). A pesar de su actividad habitual como escritor, Kafka no publicó las cartas. En plena enfermedad de tuberculosos no miraba más allá. Su correspondencia epistolar con la niña en las manos imaginarias de la muñeca –acaso una de sus obras más bellas– no tenía un interés económico, ni de fama o reconocimiento social. Su preocupación era únicamente el bienestar de la niña, en una genuina y ética relación interpersonal, que da testimonio de su paso por el mundo (Sierra, 2017) y nos habla no sólo de la clase de escritor que era Kafka, sino también de algunos rasgos del hombre que llegó a ser.

En este sentido, parece pertinente que los educadores se pregunten cómo convertir su actividad en una invitación al bien, al compromiso ético de sus estudiantes. Que se cuestionen cómo deberían ser las instituciones educativas para convertirse en esos lugares que, como África, cambian a las personas. Ya sea dentro de ellas mismas, o con una mirada más extensiva, en el espacio social (Naval y Arbués, 2018). Numerosas experiencias de ApS demuestran que esto no solo es deseable, sino también posible, generándose verdaderas relaciones de cooperación mantenidas en el tiempo, que superan la visión clásica de la transferencia como mera prestación de servicios y ponen en valor las relaciones comunitarias de reciprocidad entre instituciones educativas y organizaciones sociales. Una colaboración que, además, permea en el compromiso cívico de los propios estudiantes, inspirados por el ejemplo de las propias instituciones (Blouin y Perry, 2009).

De esta forma, la Universidad puede evitar convertirse en lo que el antropólogo francés Marc Augé concebía como los *no lugares*, es decir, sitios de paso o tránsito, pero sin significado propio más allá de su carácter instrumental. En sus propias palabras «El espacio del no lugar no crea ni identidad singular ni relación, sino soledad y similitud» (2000, p. 107). Un sitio por el que es necesario transitar para conseguir un fin más allá de él –un certificado que permita ejercer una determinada profesión, adquirir unas capacidades, etc.–, pero sin que sea por sí mismo un verdadero lugar con trascendencia en la vida de la persona, con identidad, relación o historia. Un espacio cuyo nombre, profesorado, compañeros, contenidos, apenas sean un recuerdo vago e irrelevante, al menos en el plano académico. Donde la propia participación del individuo resulta insignificante por su absoluta predeterminación funcional: pasajero, cliente, usuario. Es más bien una integración anónima en la masa y, por ello, resulta monstruosa por su carencia de singularidad humana que tiene de por sí un carácter propio erigido sobre su libertad.

Esta universidad se asemejaría a otros no lugares, como las estaciones de tren, los aeropuertos, las gasolineras o los supermercados, espacios con una escasa mediación humana, que es suplantada por carteles o pantallas cuyo valor no reside en sí mismos, y entendidos como medios para otro fin. Así lo explica Augé:

> espacios donde ni la identidad ni la relación ni la historia tienen verdadero sentido, donde la soledad se experimenta como exceso o vaciamiento de la individualidad, donde sólo el movimiento de las imágenes deja entrever borrosamente por momentos, a aquel que las mira desaparecer, la hipótesis de un pasado y la posibilidad de un porvenir (2000, p. 92).

Son la antesala de algo que está por llegar. Un lugar de espera donde nada importante ocurre, donde solo se puede ocupar el tiempo con otras actividades con la esperanza de que el tiempo pase deprisa y lleguemos a nuestro destino. Es aquí donde más se utilizan los pasatiempos, donde los retrasos son más incómodos por percibir con mayor intensidad la pérdida de tiempo que suponen.

El asombro como experiencia ética transformadora

La segunda cuestión que nos planteábamos ante la historia de Dickens, nos lleva a poner la atención sobre el detonante de la transformación vital de Scrooge. ¿Qué ocurrió para que se tornara en un hombre nuevo? ¿Cómo pudo en tan breve espacio de tiempo modificar elementos tan definitorios de su existencia? Y lo más relevante: ¿hay algo en ello que podamos promoverlo en la educación? ¿Es posible asemejarlo con las experiencias de ApS?

De manera analítica, la experiencia de Scrooge puede concentrarse en cuatro momentos en los que se encuentra con cuatro espíritus: el espíritu de su amigo fallecido y los tres de las navidades pasada, presente y futura. El primero es una advertencia, un anuncio ante el advenimiento de los otros tres espíritus, pero al mismo tiempo una llamada de atención, un consejo: *no desperdicies tu vida como lo hice yo, aún estás a tiempo de cambiar*. Pero esta recomendación de corte racional, no es suficiente para tornar la voluntad del hombre. No se trata de modificar una decisión superficial e intrascendente, como quien elige un libro, una comida o una vestimenta. Son estas cuestiones de segundo orden que no modifican habitualmente la existencia humana, que tienen carácter fácilmente reversible y no nos definen lo suficiente como para trascender el hacer circunstancial y llegar al ser, constituyéndose como ejes de nuestro yo, anclajes a los que nos referimos para tomar conciencia de nosotros mismos, de lo que somos y de lo que queremos llegar a ser.

A lo que nos referimos aquí, tiene que ver más con decisiones profundas, que permanecen en nosotros en el tiempo y en la memoria, que nos proporcionan un abanico de razones y emociones o afectos que las sustentan y alimentan para no desvanecerse fácilmente. Estas *decisiones de primer orden* son las que tienen que ver más con el sentido o propósito de lo que somos y hacemos y aluden a preguntas fundamentales y de largo recorrido, aquellas que no tienen una respuesta sencilla ni completamente definitiva. Preguntas a las que volvemos en repetidas ocasiones cuando nos percibimos perdidos o desorientados, cuando sentimos que algo no va bien, que existe un desajuste entre lo que desearíamos y lo que observamos, entre la voluntad y la realidad. Estas cuestiones son las que resultan difíciles de modificar y la aparición de aquel primer espíritu no fue suficiente para afectar las convicciones de Scrooge. Para ello, se requería algo más, las intervenciones de los otros tres fantasmas cuyo objetivo no era la advertencia explícita, sino mostrar una realidad de su trayectoria vital, de su historia de vida. Una realidad articulada en los tres tiempos fundamentales que rigen la vida humana, el pasado, el presente y el futuro, y que nos configuran como personas. El tiempo sigue una secuencia lógica capaz de explicarse a sí mismo a través de los acontecimientos. Sin embargo, no se trata de una secuencia cerrada, de una narrativa escrita y conclusa, sino de una propuesta parcialmente abierta que señala en una dirección que es en cierta medida modificable. Obviamente, el pasado no se puede cambiar, pero el presente y el futuro están moderadamente a nuestra disposición. De ahí su valor pedagógico y transformador.

Ahora bien, ¿qué lleva a un hombre como Scrooge a un cambio no superficial sino profundo? Puede decirse que lo que experimentó el protagonista del cuento de Dickens fue una experiencia de asombro. Una emoción profunda y compleja, que puede venir motivada por un amplio abanico de estímulos y que pone en tela de juicio nuestras concepciones previas sobre la realidad, nos confunde y nos deja perplejos, hasta tal punto que requiere de una adaptación cognitiva susceptible de producir una nueva interpretación del mundo y de nosotros mismos (Fuentes, 2021). Entre las experiencias de asombro más habituales se encuentran la exposición a magníficas obras de arte que despiertan admiración por la genialidad del autor o la magistral combinación de elementos que dan lugar a un producto innovador, a una creación inspiradora y emotiva, que permite que la contemplemos perdiendo la noción del tiempo. También aparece en ocasiones el asombro cuando descubrimos los misterios de la naturaleza, su belleza, inmensidad, elegancia, tamaño, inconmensurabilidad, infinitud, poder. Una tercera categoría podría tener un carácter más abstracto y, más que encontrar el estímulo en imágenes o sonidos, nos remite a ideas que sobrepasan lo sensorial y evocan ideas. Experimentar un acto de extrema bondad desinteresada, una entrega a los otros altruista y generosa, un sacrificio personal que sitúa el bien común sobre el individual, que prima los intereses de otros sobre los propios, parece escaparse a toda lógica y encuentra una difícil explicación racional. Escapa a la pregunta filosófica por excelencia *¿por qué?* y posee un encaje complejo en nuestros limitados esquemas mentales basados en la razón cuantificadora del intercambio y la equivalencia. Se comprende que una causa tenga asociada un efecto equivalente, equiparable. Como recogía el lema inglés, formulado en la novela de Robert A. Heinlein publicada en 1966 *La Luna es una cruel amante* y utilizada como principio de la economía por Milton Friedman *nunquam prandium liberum* o *there is not such a thing as a free lunch*, todo ocurre por alguna razón, nada es aleatorio, nada es gratis, todo tiene su precio asociado, su causa, efecto o requerimiento. En consecuencia, todo es intercambiable, manipulable, controlable, instrumentalizable. Por ello nos asombramos cuando encontramos personas capaces de alejarse de esta lógica dominadora y omniabarcadora, pues nos cuesta comprender la posibilidad de su existencia y su encaje en el mundo.

Pero la experiencia de asombro de Scrooge poseía una característica singular y oscura. La emoción generada no era de alegría, admiración o felicidad como las experiencias cumbre de autorrealización descritas por la psicología humanista (Vid. Maslow, 1991). En ellas se observa un matiz completamente distinto que nos remite a la nostalgia, la tristeza, el temor o la desesperación, nacidas de la conciencia de la pérdida propia de momentos felices del pasado, de la angustiosa soledad del presente y del atisbo de la muerte futura. Esta suerte de experiencia de asombro posee una naturaleza distinta a las anteriores, pero produce un similar efecto en la persona.

Ejemplos de ello podemos encontrarlos en aquellas personas que han visto el dolor de cerca como el propio Korczak en los niños del orfanato que dirigía (2018) o la joven protagonista de la novela *El velo pintado* de William Somerset Maugham, quien ante el compromiso de una comunidad de monjas francesas frente a un mortífero brote de cólera en el poblado de Mei Tan Fu en la China continental abandona una vida superficial, frívola y vacua, experimentando una trasformación personal (Gálvez y Fuentes, 2022) y encarnando la referencia al soneto de Shelley (1824) que da nombre a la novela: *Lift Not The Painted Veil Which Those Who Live*. Sin embargo, frente el pesimismo del poema que advierte de no levantar el velo de la vida para evitar la decepción provocada por el descubrimiento del vacío tras de sí, la novela abre una ventana a la esperanza, a una nueva forma de existencia tras la exploración del corazón humano y su capacidad de donación en las circunstancias extremas de la miseria y la muerte (Malo, 2019).

Ahora bien, ¿cómo podría el desánimo provocar motivación?, ¿cómo la tristeza desalentadora se convierte en motor de la acción? Más que en el mal, en el sufrimiento o en la muerte, el asombro cabe encontrarlo en la esperanza que lo acompaña, en la alegría de encontrar una luz en la oscuridad. La etimología de la palabra asombro, nos remite precisamente a la *a-sombra* o salida de la sombra, de la oscuridad que nos obnubila y ciega. Cuando se identifica un servicio, una entrega a los otros, los deseos de vida, un modelo admirable o la posibilidad del cambio, de percibir que somos capaces de apartarnos del curso de los acontecimientos, son aspectos que abren la puerta a la acción frente al pesimismo y la desesperanza. En este sentido, puede decirse que el asombro implica un anclaje en el tiempo a través de la responsabilidad y el compromiso, un factor clave que podría situarse en el cambio del estadio estético al ético en términos de Kierkegaard, donde lo superficial e instrumental da paso a algo cualitativamente más relevante, que afecta a una comunidad entendida en sentido amplio y que abarca a quienes tienen la necesidad del servicio y quienes poseen la capacidad de proveerlo.

Esto se percibe con claridad en la figura de Scrooge, cuya experiencia es en esencia una experiencia temporal y ética, en la que adquiere consciencia del tiempo y su relación con lo ético, que le afecta a sí mismo y a los otros. Tras su experiencia de asombro, se convierte en un hombre nuevo. En cierta medida ha perdido el juicio, sus estrictos y amorales esquemas mentales se han visto cuestionados y amenazados por la locura, una locura que no es conmensurable, ni lógica, pero que le acerca a la singularidad de la infancia que antes huía de él. Ahora es capaz de integrar en su vida experiencias fundamentales como el agradecimiento o el perdón (González Martín y Fuentes, 2012), es capaz de cantar, bromear, bailar o desear el bien exclamando *¡feliz Navidad!*, algo que resultaba insoportable y sin sentido para el hombre que dejó de ser.

Así las cosas, pueden ubicarse las experiencias de asombro como una meta del ApS. En un reciente libro, Schinkel (2021) concibe el asombro como un elemento clave en la educación moral y política. La primera deriva de su componente revelador, de descubrimiento de una nueva realidad que nos afecta. En su conceptualización, distingue varios tipos de asombro, uno de naturaleza inquisitiva y otro contemplativa. El inquisitivo se encuentra más cercano a la curiosidad, al deseo de saber y, por ello, tiene un carácter más instrumental y egoísta, en cuanto que cuando se satisface dicho deseo, desaparece la voluntad de seguir conociendo el objeto, como quien bebe un vaso de agua cuando está sediento. El segundo es un modo de conciencia que posee una esencia contemplativa o profunda, más emocional que cognitiva y se caracteriza por la apertura a la realidad y a la aceptación silenciosa del misterio que parece extender el presente. Su efecto en la persona es más permanente que el primero, en cuanto que no obtiene respuestas definitivas y permite permanecer ante lo desconocido e inabarcable. Este asombro posibilita apreciar la belleza, maravillarse ante lo que ocurre y existe a nuestro alrededor. Con respecto a la educación política, entiende que el asombro, como ocurrió en el comienzo de la filosofía, permite desfamiliarizarse con la realidad, tomar una distancia reflexiva necesaria para el extrañamiento, que requiere de una atención completa y posibilita a su vez una postura crítica que predispone a la acción social o política. Como afirma Hersch (2010), es lo propio de la condición humana y de nuestra capacidad creadora, de la posibilidad de ir más allá de lo evidente y plantear preguntas fundamentales, como corresponde a una formación eminentemente universitaria y que el ApS, en distintas disciplinas, es capaz de proporcionar (Volchok, 2017).

De forma similar a como las experiencias éticas y el ApS permiten evitar que la universidad se convierta en un *no lugar*, las experiencias de asombro son también susceptibles de generar un despertar del adormecimiento o frialdad que tan frecuentemente es asignada a la juventud. Un ensimismamiento a camino entre la tecnología y el narcisismo, el hedonismo y la pasividad, el egoísmo y la ausencia de compromiso social. El escritor alemán Ödön von Horváth mostró ilustrativamente esta actitud vital en su novela *Juventud sin Dios* (2019), que el joven profesor protagonista describe como la *era de Piscis*, aquella expresión que toma de los tiempos romanos de Julio Cesar en los que «el alma humana se vuelve inmóvil como el rostro de un pez» (p. 42). Esos rostros que observaba en sus jóvenes alumnos que acudían a las escuelas alemanas de un emergente nazismo, donde se fraguaron los pilares de los desafortunados acontecimientos posteriores. Rostros alimentados por los padres y profesores que defendían cribar al personal docente, plagado de lo que consideraban «enemigos del Estado camuflados» (p. 112) y proponían «educarlos moralmente para la guerra ¡punto!» (p. 29).

A MODO DE CONCLUSIÓN

El escritor español Mariano José de Larra escribía en 1833 un ácido artículo en tono humorístico con una profunda crítica de fondo a su país, cuyo título se popularizó hasta convertirse en una expresión propia del lenguaje castellano que ha llegado a nuestros días. En efecto, el *Vuelva usted mañana* refleja una actitud vital que pospone ciertas tareas sin justificación aparente, a modo de costumbre arraigada en el carácter específicamente español. Este aplazamiento acostumbrado parece vincularse a una misión tan perenne de la educación, como frecuentemente eludida por motivos variados. Tan rara vez se discute la pertinencia de formación ético-cívica, como se identifican prácticas educativas que la desarrollan y, menos aún en el contexto de la educación superior. El giro ético que algunos autores (vid. Ibáñez-Martín, 2017) identifican en la educación en las últimas décadas y el cambio de modelo que parece estar experimentando la formación universitaria, con una mirada más cercana y comprometida con el entorno social, configuran un terreno apropiado y una oportunidad de alto valor pedagógico.

En este capítulo hemos postulado el ApS como parte de esa oportunidad. La aproximación ha sido indirecta, pues en lugar de describir, como ya se ha hecho en numerosas ocasiones, sus distintos elementos y posibles desarrollos, nos hemos detenido en sus tentativas aportaciones. Para ello, hemos partido de una narrativa ampliamente conocida donde la figura del señor Scrooge aglutina infinitas posibilidades de reflexión. Dos de ellas nos remiten a la experiencia del bien en la convivencia social responsable, como parte de una vida plena, una vida feliz y, podríamos decir, una vida cultivada o educada. Al mismo tiempo, encontramos en el asombro una potencial motivación transformadora, que posee un carácter profundo y existencial, y que podría identificarse en las experiencias de ApS, en las que los estudiantes se trasladan a lugares significativos, en los que existe una interpelación y demanda específica, donde no es extraño encontrarse con la injusticia, el abandono o la soledad, pero es posible atisbar una esperanza para la responsabilidad, la colaboración y la transformación ética común. Quizá, es por ello que quien lo experimenta, en pocas ocasiones lo olvida o lo integra en las transiciones insulsas e instrumentales en las que, en ocasiones, se convierte la universidad. Más bien, cabe esperar que nuestras instituciones de educación superior, a través de su profesorado, recuperen el asombroso fulgor del que en tantos momentos han disfrutado, como el bosque que, tras su encuentro con el poste de la luz, fue capaz de volver sobre sí mismo:

La fragua recuperó de golpe su alma ingenua en la que toda la ciencia consiste en saber que de cuanto se puede ver, hacer o pensar sobre la tierra, lo más prodigioso, lo más profundo, lo más grave es esto: vivir (Fernández Florez, 1966, p. 829).

Referencias

Augé, M. (2000). *Los no lugares. Espacios del anonimato*. Gedisa.

Blouin, D. y Perry, E. (2009). Whom does service learning really serve? Community-based organizations' perspectives on service learning. *Teaching Sociology*, *37*(4), 120-135.

Boston, B. (1997). *Their best selves: Building character education and service learning together in the lives of young people*. Council of Chief State School Officers.

Brennan, J. (2018). *Contra la democracia*. Deusto.

Burke, E. (1770). *Thoughts on the cause of the present discontents*. Pall-Mall.

Campus Compact (2024). B*etter Discourse. A Guide for Bridging Campus Divides in Challenging Times*. https://compact.org/resources/better-discourse-a-guide-for-bridging-campus-divides-in-challenging-times#:~:text=In%20Challenging%20Times-,Better%20Discourse%3A%20A%20Guide%20for%20Bridging%20Campus%20Divides%20in%20Challenging,tumultuous%202024%E2%80%932025%20academic%20year

Dickens, C. (2009). *Cuento de navidad*. El Cid Editor. https://elibro.net/es/ereader/universidadcomplutense/34723?page=23

Fernández Florez, W. (1966). El bosque animado. En *Las mejores novelas contemporáneas* (pp. 817-1026). Planeta.

Fuentes, J. L. (2021). El asombro: una emoción para el acceso a la sabiduría. *Revista Española de Pedagogía, 79* (278), 77-93. https://doi.org/10.22550/REP79-1-2021-08

Gálvez, B. y Fuentes, J. L. (2022). El asombro: ¿una emoción que nos conecta con los otros? En J. Ahedo, C. Caro y B. Arteaga (Eds.), *La familia, escuela de amistad* (pp. 105-118). Dykinson.

González Martín, M. R. y Fuentes, J. L. (2012). Los límites de las modas educativas y la condición humana, un hueco para la educación de las grandes experiencias: el perdón. *Revista española de pedagogía, 70*(253), 479-494.

Hersch, J. (2010). *El gran asombro. La curiosidad como estímulo en la historia de la filosofía*. Acantilado.

Horváth, Ö. (2019). *Juventud sin Dios*. Nordica.

Ibáñez-Martín, J. A. (2017). *Horizontes para los educadores. Las profesiones educativas y la promoción de la plenitud humana*. Dykinson.

Kennedy, J. F. (1961). *Inaugural Address* https://www.jfklibrary.org/archives/other-resources/john-f-kennedy-speeches/inaugural-address-19610120

Korczak, J. (1976). *Cómo hay que amar a un niño*. Atenas.

Korczak, J. (2018). *Diario del gueto*. Seix Barral.

de Larra, M. J. (2005). *Vuelva usted mañana y otros artículos*. El País.

Liebel, M. y Markowska-Manista, U. (2020). Resistir a la desesperación y la impotencia con la esperanza. Una lectura de los diarios de Janusz Korczak. *Millcayac: Revista Digital de Ciencias Sociales, 6*(11), 415-442.

Maslow, A. H. (1991). *Motivación y personalidad*. Díaz de Santos.

Malo, A. (2019). La visión femenina de una vida auténtica en la novela El velo pintado de W. Somerset Maugham. *Church, Communication and Culture, 4*(2), 216-234, http://dx.doi.org/10.1080/23753234.2019.1616576

Millán-Puelles, A. (1976). *Sobre el hombre y la sociedad*. Rialp.

Naval, C. y Arbués, E. (2018). *Hacer la Universidad en el espacio social*. EUNSA.

Noddings, N. (2009). *La educación moral. Propuesta alternativa para la educación del carácter*. Amorrortu.

Redondo-Corcobado, P. y Fuentes, J.-L. (2022). Desarrollo ético-cívico en el Aprendizaje-Servicio: un análisis desde la filosofía de la educación a través del pensamiento comunitarista de Amitai Etzioni. *Estudios Sobre Educación*, *43*, 29-46. https://doi.org/10.15581/004.43.002

Sandel, M. (2020). *La tiranía del mérito ¿qué ha sido del bien común?* Debate.

Shelley, P. B. (1824). Lift not the Painted Veil, Sonnet IV. En *Posthumous Poems*. https://oll.libertyfund.org/title/shelley-posthumous-poems-1824

Sierra, J. (2017). *Kafka y la muñeca viajera*. Siruela.

Somerset Maugham, W. (2009). *El velo pintado*. Perseo.

Schinkel, A. (2021). *Wonder and Education. On the Educational Importance of Contemplative Wonder*. Bloomsbury.

Shner, M. (2015). Two educators in the chasms of history: divergent paths of resistance to radical oppression. *Paedagogica Historica*, *51*(1–2), 206–220 http://dx.doi.org/10.1080/00309230.2014.997751

Volchok, E. (2017). Service-learning: In service of whom? A professor of business reflects on resolving an underlying tension in service-learning, *Cogent Education*, *4*(1), 1299075, https://doi.org/10.1080/2331186X.2017.1299075

ECOLOGÍA INTEGRAL, APRENDIZAJE-SERVICIO, VIRTUD

Balduzzi, Emanuele
Istituto Universitario Salesiano di Venezia

INTRODUCCIÓN

En su reciente Exhortación Apostólica, *Laudate Deum* (2023, párrafo n. 33), dirigida a todas las personas de buena voluntad sobre la crisis climática, el Papa Francisco subraya:

> En la propia conciencia, y ante el rostro de los hijos que pagarán el daño de sus acciones, aparece la pregunta por el sentido: ¿qué sentido tiene mi vida, qué sentido tiene mi paso por esta tierra, qué sentido tienen, en definitiva, mi trabajo y mi esfuerzo?

La centralidad de la cuestión del sentido se convierte así en una «comprensión generativa» (Marchetto, 2023, p. 29) para poner de relieve lo que realmente tiene valor en nuestra vida y es además digno de ser perseguido, defendido, cuidado[1] y lo que no, o jerárquicamente tiene menos valor[2]. Sin embargo, esta elección se realiza en un contexto particular como el actual, caracterizado por una sensacción de apnea, de falta de aliento (Han, 2022[6]), constante aceleración (Rosa, 2021) e intranquilidad (Benasayag y Cohen, 2023), en la que parece complejo, algunas veces muy raro, detenerse a reflexionar «con el tiempo» (Masschelein, 2024, p. 17) sobre el sentido profundo de la vida y su orientación[3].

En cambio, desde una perspectiva pedagógica, interrogarse sobre el sentido de la propia vida y las propias acciones, y sobre su horizonte tensional, es probablemente el mayor desafío que tenemos que afrontar:

---

1. A este respecto, la reflexión de Stefano Zamagni (2019, pp. 13-14) es muy sugerente cuando nos recuerda que el concepto de responsabilidad está ligado al de cuidado, ya que debe centrarse en la vulnerabilidad y la fragilidad de los seres afectados por los efectos de las acciones individuales y colectivas, de modo que «no dañar a los demás [...] ya no es suficiente: el problema central, sobretodo, es establecer de qué seres tengo que cuidar».

2. Al respecto, Charles Taylor en *Sources of the Self* (1993, pp. 127-128) nos recuerda que cada persona en su vida tiene marcos de referencia que le permiten actuar. Es decir, hay una evaluación profunda (*strong evaluation*) gracias a la cual ordenamos de manera jerárquica los bienes y los valores, gracias a lo que Taylor llama «bien constitutivo» de nuestra vida: aquel que nos permite descubrir el sentido más profundo de nuestra existencia?

3. También el Papa Francisco nos advierte de la intensificación de los ritmos de vida y del trabajo («*rapidación*»). Francisco. (2015). *Carta Encíclica Laudato si'. Sobre el cuidado de la casa común*. Párrafo n. 18. (papa-francesco_20150524_enciclica-laudato-si_sp.pdf (vatican.va).

un compromiso dentro del cual «componer» la vida para darle sentido (Bruzzone, 2022, p. 121) se convierte en la empresa educativa por excelencia. De hecho, como nos enseña Romano Guardini (1987, p. 236), «la primera cuestión en la que el educador ayuda al educando es en adquirir la firme convicción de que tiene un destino y una oportunidad de afirmación».

La pregunta que se plantea ahora es la siguiente: ¿cómo hacer descubrir a las jóvenes generaciones el sentido profundo de la vida y de las relaciones, en una sociedad que se alimenta cada vez más de la *retrotopía* (Bauman, 2017) y con adultos que, en algunos casos, son cada vez más frágiles (Lancini, 2023)? Una de las respuestas educativas más sugerentes debería situar en el centro el crecimiento global de la persona humana, recuperando esa profundidad formativa que todo proceso de crecimiento necesita para alcanzar su plena manifestación. En este último punto, sigue siendo muy relevante la fecundidad educativa de la ecología integral.

Ecología integral y ciudadanía ecológica

En la *Carta Encíclica Laudato si'. Sobre el cuidado de la casa común* (párrafo 210), leemos:

> La educación ambiental ha ido ampliando sus objetivos. Si al comienzo estaba muy centrada en la información científica y en la concientización y prevención de riesgos ambientales, ahora tiende a incluir una crítica de los «mitos» de la modernidad basados en la razón instrumental (individualismo, progreso indefinido, competencia, consumismo, mercado sin reglas) y también a recuperar los distintos niveles del equilibrio ecológico: el interno con uno mismo, el solidario con los demás, el natural con todos los seres vivos, el espiritual con Dios (Francisco, 2015).

Lamentablemente, no puedo detenerme adecuadamente aquí en este desafío educativo que nos propone el Papa Francisco (véase Giuliodori y Malavasi, 2019; Magnoni y Malavasi, 2015; Balduzzi, 2021; Balduzzi, 2022). Sin embargo, hay un asunto que sigue siendo fundamental. Hoy en día la educación ambiental no sólo ha de preocuparse por contribuir a proteger y cuidar el medioambiente (aunque ello sea muy necesario), sino que debe también: 1) tomar conciencia de los distintos marcos de referencia antropológicos equivocados y peligrosos de la modernidad y, más particularmente, 2) debe «recuperar los distintos niveles del equilibrio ecológico: *el interno con uno mismo, el solidario con los demás, el natural con todos los seres vivos, el espiritual con Dios*» (cursiva añadida).

Además, no sólo debe ocuparse de sensibilizar, a un nivel puramente cognitivo, sobre los numerosos problemas medioambientales críticos, sino sobre todo de promover planes de acción e intervención que puedan fomentar de manera específica un estilo de vida renovado en nuestro día a día. En consecuencia, el reto más importante, desde una perspectiva educativa, es la acción que, basada en la profunda conversión (*metánoia*) de la persona humana invocada en la *Laudato si* [4], permite que la ecología integral se enraíce en nuestras vidas, precisamente como paradigma educativo (Amato, 2024; Giacopini, 2023). A este respecto, las palabras que podemos leer en el apartado 211 son realmente ilustrativas:

> Sin embargo, esta educación, llamada a crear una «ciudadanía ecológica», a veces se limita a informar y no logra desarrollar hábitos. […] Sólo a partir del cultivo de sólidas virtudes es posible la donación de sí en un compromiso ecológico. […] Es muy noble asumir el deber de cuidar la creación con pequeñas acciones cotidianas, y es maravilloso que la educación sea capaz de motivarlas hasta conformar un estilo de vida (Francisco, 2015).

Si profundizamos en estas palabras tan sugerentes, pueden señalarse tres cuestiones:

1) Uno de los objetivos prioritarios que deberían sustentar esta propuesta de ecología integral es la creación de una *ciudadanía ecológica*. Es decir, una forma de vivir y de comportarse que se centre

---

4. Como precisa el Papa Francisco en el párrafo n. 118, «No habrá una nueva relación con la naturaleza sin un nuevo ser humano. No hay ecología sin una adecuada antropología». También el 218 nos subraya: «Recordemos el modelo de san Francisco de Asís, para proponer una sana relación con lo creado como una dimensión de la conversión íntegra de la persona. Esto implica también reconocer los propios errores, pecados, vicios o negligencias, y arrepentirse de corazón, cambiar desde adentro».

claramente en las dimensiones participativas, en las responsabilidades políticas, sociales, cívicas y económicas basadas en derechos y deberes específicos, y en el compromiso con el bien común vinculado al eje de la ecología integral. Esta es una tarea ciertamente más ardua y exigente que la mera atención al respeto por el medio ambiente y una cierta preocupación por la sostenibilidad de nuestros comportamientos cotidianos, pues, como subraya Malvasi (2024, p. 53): «no puede eludirse hoy la difusión y fortalecimiento de la conciencia ecológica para la responsabilidad en el desarrollo planetario». La ciudadanía cuestiona, de hecho, el sentido de la vida y del crecimiento, hasta el punto de que hoy se reconoce su vínculo primario con la educación (Mari, 2019, pp. 3-4). El informe elaborado por la Comisión Internacional sobre los Futuros de la Educación de la UNESCO (2021), titulado *Reimagining our futures together: A new social contract for education* (la traducción española es del 2022) también recoge y confirma esta idea con claridad:

Las familias, las comunidades y los gobiernos de todo el mundo saben que, a pesar de sus deficiencias, las escuelas y los sistemas educativos generan oportunidades y ofrecen vías para el avance individual y colectivo. Los gobiernos y las organizaciones de la sociedad civil saben sobradamente que la educación es un factor clave, aunque no el único, para avanzar hacia los resultados deseables en materia de desarrollo, crear capacidades y competencias laborales y respaldar una ciudadanía comprometida y democrática. La educación es, con razón, un pilar de la Agenda 2030 para el Desarrollo Sostenible: una visión integradora para que la humanidad avance en bienestar, justicia y paz para todos, y establezca relaciones sostenibles con el medio ambiente (pp. 10-11).

2) *Sin el cultivo de virtudes sólidas sería imposible comprometerse con la ciudadanía ecológica*: hábitos y virtudes, a través de la educación, conforman un estilo de vida que es testigo de la ecología integral asumida como horizonte de sentido y referencia para nuestra vida (Petti, 2024, p. 22). Ello pone de relieve lo que Giuseppe Mari denomina «desequilibrio cognitivo» (Mari, 2013, p. 95): es

decir, ante valores considerados importantes[5], incluso sincera y profundamente sentidos y percibidos como indispensables, como, por ejemplo, la amistad, la lealtad, el respeto o la escucha, nos encontramos con dificultades para su correspondiente traducción en forma concreta de virtud. «However, even if virtue is practiced, if there is no conscious and decisive action of the will, an attachment derived from the conscious recognition of its value, the practice is weak and unstable» (Fuentes y Sánchez-Pérez, 2024, p. 69).

3) Es fundamental que estas virtudes cotidianas, gracias a la educación, sean capaces de formar un estilo de vida, arraigándose así en una determinada manera de ser y de vivir, cumpliendo de tal manera el sentido profundo de la ciudadanía ecológica.

Vamos a continuación a realizar un análisis pedagógico más amplio sobre este último punto, que nos permitirá captar el vínculo entre *la virtud y la vida buena*.

VIRTUD Y VIDA BUENA

El segundo libro de la *Ética a Nicómaco* (2003), comienza así:

> Puesto que la virtud es de dos clases, intelectual y moral, la virtud intelectual surge y se desarrolla generalmente de la enseñanza, por lo que necesita experiencia y tiempo; la virtud moral (*ethikè*) deriva del hábito (*èthos*), del que también derivó su nombre, con una ligera modificación del término ethos (p. 47).

Sin detenernos en la distinción entre virtud *ética* y *dianoética*, debemos precisar la cualidad más importante de la virtud. En efecto, Aristóteles (2003) nos advierte de que:

---

5. Ello también se observa en las investigaciones sociológicas sobre la adolescencia y la juventud de las últimas décadas, donde se señala que ciertos valores ocupan un lugar central y son consistentemente situados en la cima de su jerarquía axiológica (Balduzzi, 2019). Además, como subraya una reciente investigación (Pozzi y Ellena, 2023): «Los adolescentes se perciben a sí mismos comprometidos con valores como la empatía» (p. 24).

toda virtud tiene el efecto de llevar a buen término aquello de lo que es virtud, y de hacer que ejerza bien su obra, como por ejemplo la virtud del ojo hace que el ojo sea excelente, y también su obra, ya que vemos bien por la virtud del ojo. [...] Si, pues, para todas las virtudes las cosas son así, la virtud del hombre vendrá a ser también un estado habitual por el que el hombre es bueno y realiza bien su obra (p. 61).

Este extracto es decisivo para nuestra discusión, pues es precisamente a través de la virtud como se pueden hacer realidad las peculiaridades distintivas que caracterizan a cada ente y que, para alcanzar su plena realización, requieren de las propias virtudes (MacIntyre, 2014). De este modo, la función propia del ser humano (*érgon*) encuentra en la virtud la oportunidad de alcanzar, y así manifestar, su propia excelencia[6].

De ello se deduce que la virtud no identifica primariamente un principio moral en el sentido prescriptivo, que obliga a actuar o comportarse de una determinada manera gracias a normas generales (Campodonico et al., 2019), sino que ofrece la oportunidad de poder alcanzar un cierto grado de perfectibilidad y realización de las cualidades potenciales que le son más propias y que caracterizan de manera distintiva, en este caso concreto, al ser humano. Por eso, son muy actuales las palabras de Jean Ladrière (1999) cuando nos invita a recordar que «el bien del hombre es la realización integral de su humanidad, es decir, de todas las condiciones que deben darse para que su existencia real coincida con lo que reclama su particular forma de ser» (p. 23).

Desde una perspectiva pedagógica, todo esto pone de relieve una coyuntura crucial: la de llevar a plenitud aquellas cualidades potenciales más exclusivas de la persona que la hacen así cada vez más completa, permitiéndole alcanzar la plenitud: ésta constituye la traducción más genuina de la vida feliz, en la perspectiva aristotélica de la *vida buena*[7]: *la felicidad lo-*

---

6. La palabra virtud deriva del griego *areté* [que] denotaba «una capacidad peculiar, o un estado cualitativo de perfección y excelencia, tanto de los hombres como de los animales y las cosas», voz *virtud* en AA.VV. (2006).

7. Como sostiene Giuseppina D'Addelfio (2008): «En la consideración aristotélica de la vida buena, hay ante todo esa mirada, que es también la primera nota característica del buen educador, dirigida ante todo a *la vida como totalidad*» (p. 281).

gra componer distintos bienes[8], que obviamente tienen finalidades y valores diferentes, pero que todos contribuyen a la realización de una vida feliz. De este modo, se excluye a) una visión moralista o rígidamente prescriptiva de la misma, y b) una meramente preferencial, guiada por sensaciones momentáneas que hacen aflorar un cierto grado de bienestar subjetivo, sostenido emocionalmente por lo que se percibe de manera inmediata. De ello se deduce que la felicidad es identificable en última instancia con el concepto de florecimiento del ser humano (flourishing life).

El concepto de florecimiento no es nuevo. Fue introducido ya en 1958 por G. E. M. Anscombe, en *Modern Moral Philosophy*, un artículo que ha llegado a ser ampliamente conocido y discutido en las décadas posteriores, y que se ha considerado como el inicio de lo que se denominaría Ética de la Virtud (*Virtues Ethics*). Quien fuera alumna de Wittgenstein destacaba cómo en la ética aristotélica, muy diferente de la moderna, al no existir un fundamento prescriptivo absoluto como deber moral (en el sentido kantiano), la moralidad se entendía en términos de florecimiento[9].

Aunque el propio concepto de florecimiento no está exento de dificultades y puntos críticos (Anscombe, 1958; Bernal y Naval, 2023; Carr, 2021) es realmente prometedor porque pone de relieve un aspecto importante, a saber, el florecimiento es el momento de la realización, de dar lo mejor de uno mismo en perspectiva antropológica. Dar lo mejor de uno mismo significa ser capaz de hacer lo que uno hace lo mejor que puede, logrando así la excelencia en sus actos[10], es decir, manifestando las virtudes.

8. Hay que recordar que, en la distinción de los bienes llevada a cabo por Aristóteles, hay tres grupos, 1) los externos (como la riqueza, por ejemplo), 2) los internos relacionados con el cuerpo (salud, belleza, placer) y 3) los relacionados con el alma, «que son los más importantes y bienes en mayor medida» (Aristóteles. 2003, p. 25). Esta tripartición es estratégica porque, si bien es cierto que los dos primeros tipos de bienes no constituyen la cúspide de la vida buena, y no son deseables en sí mismos (pero sí lo son con vistas a la vida buena/feliz), es el propio Aristóteles quien subraya un punto fundamental: a saber, que la vida feliz es posible mediante la presencia de los tres tipos de bienes (véase también Irrera, 2012, p. 159).

9. «It would be possible to bring out a different point by enquiring about the transition from "is" to "needs"; from the characteristics of an organism to the environment that it needs, for example. To say that it needs that environment is not to say, e.g., that you want it to have that environment, but that it won't flourish unless it has it» (Anscombe, 1958, p. 6).

10. «Incluso en el lenguaje moderno, después de todo, llamamos *feliz* a una interpretación de una pieza musical, por ejemplo, cuando tiene un éxito especial, e incluso una broma, cuando está especialmente dotada de sentido del humor». (Berti, 2023, p. 161).

Por eso, *érgon*, que antes tradujimos como la función más propia del ser humano, identifica así esa función distintiva (*función*) que caracteriza al ser humano y le permite ser y llegar a ser cada vez más plenamente, gracias al ejercicio de las virtudes.

La pregunta que surge ahora es: desde un punto de vista educativo ¿cómo promover el florecimiento del ser humano, a través de la adquisición de algunas virtudes, en particular tratando de fomentar esa ciudadanía ecológica que hemos visto identificada como una de las finalidades más importantes de la ecología integral? El enfoque formativo y educativo del *Aprendizaje Servicio* puede ser realmente determinante en este sentido.

CIUDADANÍA Y APRENDIZAJE SERVICIO

No es mi intención realizar un análisis detenido del Aprendizaje-Servicio (en adelante AS). A lo largo de este volumen, otros autores ya se han interesado por él, destacando su enorme potencial educativo y formativo. La intención será más limitada: consistirá en proponer un área particular de implementación de AS que pueda fomentar realmente esa ciudadanía ecológica impulsada por el Papa Francisco en su propuesta de ecología integral, a través del fortalecimiento de virtudes particulares en las escuelas. Después de todo, hay muchas afinidades entre el AS y el magisterio educativo del Papa Francisco: es precisamente este último el que puede inspirar un cierto tipo de AS que sepa afrontar los retos de nuestro tiempo, a través de tres coordenadas fundamentales: escuchar, crear y celebrar (Fiorin, 2021).

Me centraré en la educación secundaria y, en particular, en el segundo curso, considerando que la adolescencia constituye un momento privilegiado para la construcción de la identidad (Pietropolli Charmet, 2022), pero también de ciudadanía activa y responsable. Además, mientras que las propuestas de AS y las cuestiones medioambientales han sido especialmente atendidas en la educación primaria, no suelen ser tan frecuentes en las etapas posteriores en Italia[11]. En las diferentes propuestas educativas encaminadas a promover la conciencia ecológica de la casa común (Di Bari, 2023), cabe destacar el lugar central que ocupa *la educación cívica*. Con la Ley n. 92 de *Introducción en la enseñanza escolar de la educación cívica*, de 20 de agosto de 2019, la promoción de contenidos cívicos, durante al menos 33 horas al año, ha entrado con fuerza en centros educativos de distinto tipo. En síntesis, se trata de una enseñanza transversal y obligatoria, con evaluaciones periódicas y finales que cuentan, como el resto de asignaturas, en el expediente académico de los estudiantes. Además, también se designa un profesor para cada clase con tareas de coordinación.

La enseñanza de la educación cívica presta gran atención al medio ambiente y a la educación medioambiental. Así se desprende del segundo principio del artículo 1, cuando se identifica la «sostenibilidad ambiental» como uno de sus núcleos conceptuales esenciales. Además, el Ministerio de Instrucción y del Mérito (2024) ha emitido las nuevas *Orientaciones para la enseñanza de la educación cívica*, especificando, en el Anexo A, entre los diferentes contenidos propuestos, también el *Desarrollo económico y sostenibilidad, desarrollando actitudes y conductas responsables encaminadas a proteger el medio ambiente.*

Pues bien, los proyectos de AS pueden ser una oportunidad para desarrollar el sentido de la ciudadanía y la participación fomentando experiencias de servicio con y para la comunidad (MIM, 2024), que también tienen un fuerte impacto en la formación y el aprendizaje curricular de los estudiantes. Además, el *civic engagement* incluye el AS precisamente porque puede orientar los procesos de aprendizaje de los estudiantes hacia una respuesta significativa a las necesidades de las comunidades en las que viven (Bornatici, 2021).

De hecho, la enseñanza que se imparte no sólo pretende ser bien planteada desde el punto de vista curricular, sino también significativa para la creación de hábitos de ciudadanía, enraizándose en una propuesta que fo-

---

11. Es notable la apuesta por el AS y otras metodologías activas y participativas del Movimiento Vanguardias Educativas (Chipa et al., 2021), un movimiento que surge de una acción conjunta entre el Instituto Nacional de Documentación, Innovación e Investigación Educativa (INDIRE) y 22 centros educativos, que han firmado un Manifiesto Programático por la Innovación (https://innovazione.indire.it/avanguardieeducative).

menta la experiencia y la participación, contrarrestando el *civic disengagement* (Tomarchio y La Rosa, 2021). Esto también limitará el «desequilibrio cognitivo» que antes se mencionaba como un problema educativo urgente.

Si el vínculo entre ciudadanía y virtud se ha subrayado desde la antigüedad (Pesci, 2021), hoy tenemos la oportunidad de repensar la centralidad de las virtudes, en particular las virtudes cívicas más importantes, como la solidaridad, la justicia y el cuidado de nuestra casa común, que permiten a los seres humanos realizar plenamente su humanidad, en su dimensión relacional y fraterna (Morin, 2021). Precisamente, gracias a las experiencias de aprendizaje-servicio promovidas en la educación secundaria, los estudiantes tendrán la posibilidad de ejercitarse y perfeccionarse, de madurar pero también de discernir críticamente (en cuanto que la reflexividad es una de las piedras angulares de AS), generando no sólo que sus propias vidas estén atentas a las necesidades implícitas de la comunidad en la que viven, sino también transformando su aprendizaje, otorgándole un sentido más significativo, enriquecedor y permanente.

REFERENCIAS

Amato, C. (2024). Ecologia integrale come paradigma educativo. *Rivista Lasalliana*, *91*(1), 23-33.

Anscombe, G. E. M. (1958). Modern Moral Philosophy. *Philosophy*, *33*, 124.

Aristotele. (2003). *Etica Nicomachea*. Laterza.

AA.VV. (2006). *Enciclopedia filosófica*. Bompiani.

Balduzzi, E. (2022). La educación del carácter y el desafío de la ecología integral: una alianza para el cuidado de nuestra casa común. En J. A. Ibáñez-Martín y C. Naval (Eds.), *Retos actuales de la acción educativa. Carácter y personalidad* (pp. 61-70). Narcea.

Balduzzi, E. (Ed.), (2021). *La sfida educativa della* Laudato si' *e l'educazione del carattere*. Studium.

Balduzzi, E. (2019). Affettività e ricerca di senso nella crescita. Alcune note educative a margine delle indagini sulla condizione giovanile in Italia. *Pedagogia e Vita*, *77*, 117-128.

Bauman, Z. (2017). *Retrotopia*. Laterza.

Benasayag, M. y Cohen, T. (2023). *L'epoca dell'intranquillità. Lettera alle nuove generazioni*. Vita e Pensiero.

Bernal, A. y Naval, C. (2023). El florecimiento como fin de la educación del carácter. *Revista Española de Pedagogía*, *81*(284), 17-32. https://doi. org/10.22550/REP81-1-2023-01

Berti, E. (2023). *Saggi di filosofia pratica*. Studium.

Bornatici, S. (2021). Connettersi con la comunità. La pedagogia della scuola per l'identità civica e la cittadinanza. *Quaderni di pedagogia della scuola*, *1*, 104-112.

Bruzzone, D. (2022), Progettazione esistenziale. En M. Amadini, L. Cadei, P. Malavasi y D. Simeone (Eds), *Parole per educare. Vol I. Pedagogia generale e sociale* (pp. 209-218). Vita e Pensiero.

Campodonico, A., Croce, M. y Vaccarezza, M. S. (2019). *Etica delle virtù. Un'introduzione*. Carocci.

Carr, D. (2021). Where's the educational virtue in flourishing? *Educational Theory*, *71*(3), 389-407. https://doi.org/10.1111/edth.12482

Chipa, S., Giunti, C. y Orlandini, L., (2021). Innovare la scuola con il service-learning. Percorsi e riflessioni dalle scuole del Movimento delle Avanguardie Educative. *Quaderni di pedagogia della scuola*, *1*, 50-68.

D'Addelfio, G. (2008). *Desiderare e fare il bene. Un commento pedagogico all'«Etica Nicomachea»*. Vita e Pensiero.

Di Bari, C. (2023). La pedagogia come ecologia. Educare all'equilibrio tra anthropos, natura e cultura. *Pedagogia e Vita*, *81*(1), 31-50.

Fiorin, I. (2021). Il service-learning alla luce del Magistero di Papa Francesco. *Quaderni di pedagogia della scuola*, *1*, 37-49.

Francisco. (2023). Exhortación Apostólica, *Laudate Deum. Dirigida a todas las personas de buena voluntad sobre la crisis climática* https://www.vatican.va/content/francesco/es/apost_exhortations/documents/20231004-laudate-deum.pdf

Francisco. (2015). Carta Encíclica *Laudato si'. Sobre el cuidado de la casa común*. https://www.vatican.va/content/francesco/es/encyclicals/documents/papa-francesco_20150524_enciclica-laudato-si.html.

Fuentes, J. L. y Sánchez-Pérez, Y. (2024). The complexity of ethical assessment: Interdisciplinary challenge for character education. *Nursing Ethics*, *31*(1), 65-78. https://doi.org/10.1177/09697330231197710

Giacopini, N. (2023). «Ecologia integrale e nuovi stili di vita». Da progetto a paradigma. *IUSVEducation. Rivista interdisciplinare dell'educazione*. *22*, 10-22.

Giuliodori, C. y Malavasi, P. (Eds.), (2019). *Ecologia integrale.* Laudato si'. *Ricerca, formazione, conversione.* Vita e Pensiero.

G. U. Ley n. 92 (2019). *Introduzione dell'insegnamento scolastico dell'educazione civica.* https://www.gazzettaufficiale.it/eli/id/2019/08/21/19G00105/sg.

Guardini, R. (1987). *Persona e libertà. Saggi di fondazione della teoria pedagogica.* La Scuola.

Han, B. C. (2022). *Il profumo del tempo. L'arte di indugiare sulle cose.* Vita e Pensiero.

Irrera, E. (2012). *Sulla bellezza della vita buona. Fini e criteri dell'agire umano in Aristotele.* Carabba.

Ladrière, J. (1999). *L'etica nell'universo della razionalità.* Vita e Pensiero.

Lancini, M. (2023). *Sii te stesso a modo mio. Essere adolescenti nell'epoca della fragilità adulta.* RaffaelloCortina.

MacIntyre, A. (2014). *Animali razionali dipendenti. Perché gli uomini hanno bisogno delle virtù.* Vita e Pensiero.

Magnoni, W. y Malavasi, P. (Eds.), (2015). *Laudato si'. Niente di questo mondo ci è indifferente. Le sfide dell'enciclica*, Centro Ambrosiano.

Malavasi, P. (2014). Educazione, coscienza ecologica, sviluppo umano. *Rivista Lasalliana*, *91*(1), 53-63.

Marchetto, M. (2023). *Il coraggio della domanda. La questione del* senso *e la* Laudato si', Castelvecchi.

Mari, G. (2019). Educazione e cittadinanza. En G. Mari y L. Corradini (Eds.), *Educazione alla cittadinanza e insegnamento della Costituzione* (pp. 3-10). Vita e Pensiero.

Mari, G. (2013). *Educazione come sfida della libertà.* La Scuola.

Masschelein, J. (2024). Con tiempo. Sobre las formas pedagógicas. Notas para una lección. *Teoría de la Educación. Revista Interuniversitaria*, *36*(1), 13-30. https://doi.org/10.14201/teri.31700

MIM. (2024). *Linee guida per l'insegnamento dell'educazione civica* https://www.mim.gov.it/documents/20182/0/Linee+guida+Edu cazione+civica.pdf/9ffd1e06-db57-1596-c742-216b3f42b995?t=1725710190643

Morin, E. (2021). *La fraternità, perché? Resistere alla crudeltà del mondo.* Ave.

Pesci, F. (2021). Virtue and citizenship. Two «educational» ideas. *Pedagogia oggi, 19*(2), 145-151. https://doi10.7346/PO-022021-19

Petti, D. (2024). L'educazione alla responsabilità ecologica nel magistero dei Papi Benedetto XVI e Francesco. *Rivista Lasalliana, 91*(1), 9-22.

Pietropolli Charmet, G. (2022). *Gioventù rubata. Che cosa la pandemia ha tolto agli adolescenti e come possiamo restituire il futuro ai nostri figli.* Bur.

Pozzi, M. y Ellena, A. M. (2023). La Generazione Z e il Positive Youth Development. En E. Marta y S. Martinez Damia (Eds.), *Adolescenti nell'era del doppio dramma* (pp. 11-26), Vita e Pensiero.

Rosa, H. (2021). *Accelerazione e alienazione. Per una teoria critica del tempo nella tarda modernità.* Einaudi.

Taylor, C. (1993). *Radici dell'io, La costruzione dell'identità moderna.* Feltrinelli.

Tomarchio, M. y La Rosa, V. (2021). Towards a culture of active democratic citizenship through operating memory and antimafia social movements. The contribution of the Centro Studi Ricerche e Documentazione «Paolo e Rita Borsellino». *Pedagogia oggi, 19*(2), 30-36. https://doi10.7346/PO-022021-04

UNESCO. (2022). Reimaginar juntos nuestros futuros. Un nuevo contrato social para la educación. https://unesdoc.unesco.org/ark:/48223/pf0000381560

Zamagni, S. (2019). *Responsabili. Come civilizzare il mercato.* Il Mulino.

MAPEAR PRÁCTICAS DE APRENDIZAJE-SERVICIO: POSIBLES COORDENADAS

Beatrice Saltarelli
(Istituto Universitario Salesiano di Venezia)

Alberto Baccichetto
(Istituto Universitario Salesiano di Venezia)

INTRODUCCIÓN

El binomio entre aprendizaje y servicio está presente en la literatura y en las prácticas educativas desde hace unos treinta años. La riqueza con la que toma forma y con la que se lee su despliegue y se interpretan sus efectos informa de la complejidad que expresa. Dentro de esta complejidad orientarse para definir el punto de vista desde el que se quiere investigar no es tarea fácil.

Las distintas formas de definir el binomio tienen como centro de referencia estable, de forma más o menos explícita, el concepto de democracia y la manifiesta una pluralidad de prácticas sobre al ApS.

Sin embargo, cuando se aborda la reflexión teórica sobre el Aprendizaje-Servicio (ApS), más que la puesta en práctica, la multiplicidad corre el riesgo de transformarse en fragmentación. Lo que parece poner de manifiesto, precisamente, una de las características principales de la democracia, entendida como forma de organización social, que reconoce en la tensión entre rigidez y caos uno de los elementos constitutivos. Por tanto, la búsqueda de elementos con los que leer el fenómeno debe tener en cuenta esta tensión, teniendo como horizonte de sentido el de identificar coordenadas que ayuden a conducir la reflexión, más que definir categorías binarias de inclusión o exclusión. Si la fijada se dirige a la puesta en acción del ApS tenemos dos direcciones diferentes de ejecución. Una desde arriba, en un movimiento *top-down*, que desde la reflexión de carácter teórico establece y define las acciones a poner en marcha.

La otra desde abajo, *bottom-up*, que mueve, incluso implícitamente, acciones en las que el servicio y el proceso de aprendizaje son pensados y propuestos como un binomio no disociable, en una perspectiva dialógica (Markova, 2016), más que monológica.

Las dos vías no están en relación lineal, sino que forman parte de un círculo recursivo de avance hacia prácticas institucionalizadas de aprendizaje-servicio cada vez mejor definidas. Sin embargo, cuando se realizan con dirección desde abajo, no es seguro que tomen forma de manera explícita a partir de las características previstas para acciones de aprendizaje-servicio, ni tampoco que por ello no sean atribuibles a él.

A la luz de estas consideraciones, el objetivo de este documento es esbozar algunos posibles criterios a través de los cuales organizar las reflexiones teóricas, situar la investigación y orientar la cartografía de las prácticas existentes.

Esta operación nace de un análisis del existente que, aunque lejos de ser un análisis exhaustivo, ve en la conjunción «y» del binomio aprendizaje y servicio un elemento relevante para orientarse sobre lo ya existente sobre el tema, tanto a nivel teórico como práctico.

La forma en que se declina la conjunción «y» hace explícita la relación entre «aprendizaje» y «servicio», y delimita la perspectiva desde la cual se estudia o se practica. Otra coordinación necesaria para tener un criterio con el cual orientarse en el mundo del aprendizaje y servicio, es la perspectiva desde la que se entiende y se declina el concepto de aprendizaje. En este trabajo nos limitamos a trazar algunos aspectos característicos de la perspectiva dialógica sobre el aprendizaje-enseñanza, con la idea de que sea un punto de vista que pueda poner de manifiesto y amplificar la unión entre aprendizaje y servicio, precisamente porque vincula al primero a la explicitación de las opciones éticas vinculadas.

EL SERVICIO Y EL APRENDIZAJE

La pregunta sobre qué escenario se presenta cuando se considera el servicio como objeto de aprendizaje ya declara una cierta perspectiva. La vinculación del aprendizaje al servicio abre al menos tres vías de investigación. Una ligada a investigar el proceso de aprender para servir, la otra, a aprender mediante el servicio y la otra, a aprender para servir. Aunque las tres vías pueden estar relacionadas, sin embargo, parecen centrarse en aspectos diferentes de este proceso.

En la primera vía, el servicio es la dimensión principal y el proceso de aprendizaje es la herramienta.

En la segunda vía, el enfoque de atención es el proceso de aprendizaje y el servicio es el espacio dentro del cual ese proceso específico puede tener lugar.

En la tercera vía el foco parece estar en el aspecto ético del proceso de aprendizaje, cuestionando y destacando el propósito para el que aprendemos y, por tanto, también el propósito que más o menos implícitamente nos interesa cuando proponemos y promovemos como profesores un determinado tipo de aprendizaje.

Si nos referimos a la primera declinación, hay al menos dos puntos de unión que deben destacarse: a qué idea de servicio se refiere y cómo se evalúa. Generalmente se refiere al servicio como la práctica relacionada con el compromiso cívico y la promoción de contextos democráticos, orientados a la justicia y equidad social. Sin embargo, el compromiso cívico y la democracia no son una combinación que deba darse por sentada. En la historia hay ejemplos de regímenes totalitarios con un fuerte compromiso cívico por parte de los ciudadanos (Butin, 2010) en ausencia de democracia. Esta consideración ayuda a resaltar la necesidad de hacer siempre explícito el vínculo al que se refiere. La pregunta que guía esta explicitación podría ser: ¿A favor de que democracia está el compromiso cívico que se pretende promover con el servicio? O, ¿qué valores se refiere al definir democracia y en torno a los cuáles de ellos se van a delinear las respectivas conductas éticas? (Meens, 2014). Existen varios significados posibles para el término democracia: podemos referirnos a la democracia participativa como deliberativa o liberal (Hildreth, 2012). Por ejemplo, el análisis ofrecido por Meens (2014) sobre la realidad estadounidense pone en evidencia la profunda diferencia entre la sociedad democrática neoliberal de los años 80 –donde el ciudadano es, principalmente, el individuo que consume y/o proporciona bienes– y la comunidad democrática evocada por Dewey (1916), en la que la solidaridad es el fruto de la conciencia de la tensión existente entre la individualidad y la interdependencia. Por lo tanto, en un intento de definir una primera coordinación con la que describir el término servicio hace falta explicitar a qué democracia se refiere: a qué idea de ciudadano, entre individuo y colectivo, a qué idea de bien, entre privado y público; por consiguiente, a qué idea de solidaridad, compromiso social, justicia y equidad. Desde esta perspectiva, también surge una dificultad. Es probable, si no deseable (Linell, 2009), que en el ámbito de la propia realidad democrática la definición del término y, a cascada, de sus especificaciones, tenga naturaleza polisémica. Dentro del mismo macro contexto democrático, cada micro contexto tiene su propia manera de dar significado al término democracia y, por tanto, de declinar en la práctica las acciones que la animan. Otra cuestión difícil cuando consideramos el aprendizaje-servicio como aprender a servir es la relativa a la evaluación. ¿Cómo evaluar el impacto real de una experiencia de aprendizaje para servir en la mejora de las capacidades de participación democrática y compromiso cívico? Un obstáculo es la persistencia de la validez de construcción del término servicio. El significado atribuido a este término tiene una fuerte dependencia del contexto cultural y social en el que se desarrolla, y el contexto toma forma dentro de un espacio y un tiempo definidos. Esto hace que sea muy difícil una investigación de carácter longitudinal para verificar la permanencia del efecto del aprendizaje a servir sobre el comportamiento (Meens, 2014). Por consiguiente, la verificación a largo plazo de estos efectos es posible cualitativamente, con las dificultades relativas en la generalización de los resultados. Esta constatación, a efectos de esta contribución, permite destacar otro aspecto útil en el proceso de mapeo de las prácticas ya existentes: la naturaleza dinámica del significado de servicio. También a partir del mismo contexto socio-cultural, el concepto de servicio se modifica con el tiempo.

La segunda declinación posible, aprender a través del servicio, parece ser la más explorada y intercepta dos diferentes macro aspectos del aprendizaje: uno referido al aprendizaje experiencial, y el otro al aprendizaje de habilidades sociales y actitudes (Pellerey, 2010). En el primer caso, el servicio es una estrategia educativa para mejorar la capacidad de los estudiantes para aprender contenidos académicos mediante la participación en actividades en las que realmente pueden utilizarlos para identificar y responder a las necesidades de la comunidad local o ampliada (Furco, 2010). Desde esta perspectiva, el aprendizaje-servicio es una pedagogía que pone de relieve la experiencia como base para el aprendizaje y la centralidad de la reflexión para permitir que el aprendizaje se produzca (Jacoby, 1996). Desde el segundo punto de vista, donde a través del servicio se aprenden habilidades y actitudes, las numerosas investigaciones han encontrado que el aprendizaje-servicio favorece el logro de resultados positivos en el aprendizaje de competencias profesionales, de las habilidades comunicativas y de la colaboración (Chen y Gu, 2022).

En cuanto a la tercera declinación, parece ser la reacción percibida como urgente, a la cultura dominante de la eficiencia en el logro de objetivos con fines individualistas. Escribe Fiorin «en un mundo árido por el utilitarismo exacerbado, la gratuidad viaja a contracorriente» (2016, p. 57). Desde esta perspectiva se plantea el tema de la dimensión ética del aprendizaje, que se puede relacionar con la pregunta: ¿con qué propósito enseño-aprendo este objeto o el otro? Yo, como estudiante, ¿aprendo para ser un ciudadano más capaz de vivir en acuerdo y en el respeto a los demás?, ¿aprendo con el fin de asegurarme un empleo más remunerado?, ¿ambas? Y yo como docente, ¿propongo esta o aquella enseñanza teniendo en cuenta un cuadro de valor?[1]

El aprendizaje para servir, además de resaltar su dimensión ética, propone una dirección de valor precisa: el horizonte del sentido es el de la puesta a disposición de la colectividad de los objetos aprendidos.

EL APRENDIZAJE DESDE UNA PERSPECTIVA DIALÓGICA

Una segunda coordinación para la cartografía de las prácticas de ApS se refiere al concepto de aprendizaje al que se hace referencia. En esta contribución se investiga el concepto de aprendizaje desde una perspectiva dialógica, con la idea de que desde aquí es posible poner de relieve toda la complejidad de la dinámica de aprendizaje-enseñanza-objeto, preservándose del riesgo de considerar el servicio como objeto instrumental de conocimiento[2].

---

1. Para el concepto de marco de valor se puede hacer referencia al concepto de evaluación de Charles Taylor (1989), entre evaluación débil de carácter instrumental (que implica evaluaciones vinculadas exclusivamente al nivel de oportunidad y eficacia en la consecución de un objetivo) e evaluación fuerte (que implica en cambio el sopesar y discernir entre acciones que vitalizan la posición identitaria del sujeto).

2. Esta afirmación lleva implícito que en el aprendizaje-servicio, el servicio, considerado como objeto de conocimiento, se piensa como bien interno y no como bien instrumental (MacIntyre, 2007). Se refiere a la idea de que la práctica del aprendizaje-servicio es tal si tiene en cuenta también la necesidad de mover en los actores implicados una motivación intrínseca hacia la acción de servicio, tal que el servicio se convierte precisamente en 'bien interno', Mucho más allá de la obligación de responder a una tarea, que lo haría *bien instrumental*.

La dialéctica es una perspectiva difícil de describir de manera sintética y unívoca. En general, se puede hablar de 'cambio dialógico' (Markova, 2016) como respuesta a dos tendencias culturales particularmente fuertes en el mundo occidental desde la segunda mitad de 1900. La primera nace de la necesidad de buscar una alternativa a la perspectiva reduccionista de las ciencias humanas y sociales que ve en el individualismo cognitivo y en el procesamiento de la información su punto central. La segunda tendencia es la necesidad de introducir en la narración cultural un paradigma interpretativo que vaya a contrarrestar el dominio de la tecnología (Taylor, 1999) en todas las esferas de la vida humana. Dominio que implica el uso de criterios como la eficiencia y cuantificación de los fenómenos y del bienestar, para hacer las elecciones y tomar decisiones. En este marco, el cambio dialógico se presenta como una contratendencia, devolviendo al rostro humano su natural obligación de construir significados en diálogo con los demás.

Al menos dos son los elementos que, a nivel transversal, unen las diferentes teorías identificables como teorías dialógicas.

Un primer elemento es el supuesto por el cual la naturaleza humana está constitutivamente en relación con el otro, tal que el sujeto humano no es pensable como autodefinido (Linell, 2009). La mente del sujeto y la mente de los demás son interdependientes en la construcción de las realidades sociales y el sentido que se les atribuye. Además, esta interdependencia cobra vida tanto en la dimensión espacial como en la temporal: en interpretar el pasado, experimentar el presente e imaginar el futuro (Markova, 2016).

Un segundo aspecto es el supuesto de que el lenguaje es diálogo (en lugar de sistemas de signos) y comunicación (en lugar de transmisión de información).

Es, por tanto, una perspectiva que ve la interacción como el campo de fuerzas del cual emerge el yo y el otro (i), y que hace de la interacción el lugar de reconocimiento porque el yo y el otro (i) sea (Markova, 2003).

Esta posición es propia de todas las epistemologías internacionales que se contraponen a las no internacionales. En estas últimas el individuo, los otros exteriores y los objetos del mundo son fuertemente independientes unos de otros. La dialéctica es una de las posibles epistemologías internacionales, y es una forma de estudiar y desarrollar teorías sobre cómo los seres humanos conocen la realidad cotidiana, interpretan reglas, seleccionan significados específicos e intentan cambiarlos (Markova, 2016).

En el panorama de las epistemologías internacionales encontramos teorías que concibo la interacción en sentido factorial y aquellas que se refieren a ella en sentido dialógico (Grossen, 2010).

La primera se refiere a la interacción como una cadena de acción-reacción o una «cadena de estímulo-respuesta» entre el sujeto y el entorno. La segunda concibe la mente humana como algo cuyo funcionamiento se desarrolla por antinomias: hacer distinciones o pensar por contraste (por ejemplo, derecha/izquierda; bien/mal; luz/oscuridad) son características tan fundamentales de la mente humana, que deberían ser el punto de partida de cualquier teoría del conocimiento social que trate de dar cuenta de la naturaleza heterogénea y polifacética del pensamiento. La expresión máxima de esta antinomia es el binomio Ego-Alter (Grossen, 2010; Markova, 2016).

Desde aquí se despliegan numerosas teorías dialécticas cuya variedad está dada por las diferentes referencias originales, por las distintas interpretaciones de la relación con el otro (i) y también por los diversos retornos metodológicos (Coelho y Figueiredo, 2003; Markova, 2003).

La perspectiva a la que se refiere este artículo se basa en tres axiomas que definen su epistemología:

- el Ego-Alter como unidad ética y ontológica irreducible.
- el Ego-Alter-Objeto como unidad ética y epistemológica irreducible.
- el Ego-Alter y el Ego-Alter-Objeto como interdependientes en términos de pensamiento dialógico (imaginación, multivocalidad o heteroglosia, intersubjetividad, búsqueda de reconocimiento social, confianza y responsabilidad), comunicación dialógica y acción dialógica (Markova, 2016).

Leer los fenómenos a partir de estos tres axiomas vincula explícitamente sobre cómo y qué leer de la realidad misma. En el trabajo específico la realidad que se quiere poner como tema es el aprendizaje formal, que cobra vida dentro de la institución formativa (sea ésta la escuela o la universidad). ¿Qué idea de aprendizaje formal surge desde esta perspectiva?

La óptica de la dialéctica, a partir de los tres axiomas, devuelve la imposibilidad de concebir el aprendizaje como un proceso que ve pasivo a uno de los actores implicados. Desde la perspectiva monológica, la relación docente-alumno ve, o bien el primero activo y el segundo pasivo cuando es el docente quien transmite conocimientos, o viceversa, cuando el docente permanece pasivo y no se inmiscuye en el proceso activado por el alumno (Goswami, 2005). Desde la perspectiva dialógica, la diada docente-alumno no es disociable y requiere tanto el compromiso del estudiante como la intervención del docente hacia un objeto de conocimiento (Alexander, 2018). A esta irreductibilidad epistemológica que tiene consecuencias tanto en la práctica profesional –entendida como el conjunto de las acciones de aprendizaje formal elegidas, como en la metodología de investigación sobre la práctica misma– está asociada también la ética. Esto significa que profesores y estudiantes juntos generan acciones que impactan de cierta manera sobre el yo, el mundo y los demás. Desde la óptica dialógica el aprendizaje se representa generalmente utilizando el triángulo del conocimiento (Zittoun, 2014), donde el docente, el alumno y el objeto del conocimiento están vinculados por una mutua dependencia. En concreto, esta representación pone de manifiesto el hecho de que la relación del alumno con el objeto del conocimiento es mediada por el docente y, al mismo tiempo, la relación del alumno con el docente es mediada por la relación de este último con el propio objeto. Esta lectura devuelve al menos dos preguntas. La primera se refiere al hecho de que el proceso de aprendizaje tiene un nivel intersubjetivo que permite y vincula el nivel intrapsíquico (Zittoun, 2014). Segundo, que los objetos del conocimiento enseñado y aprendido nunca son neutrales, precisamente porque fruto de elecciones cultural y socialmente situadas, tanto en los marcos de referencia del docente como de la institución, y en un sentido aún más amplio fruto del contexto en el que toman vida.

En relación con la dimensión interpersonal, Zittoun (2014) destaca un doble nivel de dinámica.

Un primer nivel, en el que el docente es quien elige y propone el objeto del conocimiento, por lo tanto, que media entre el alumno y el propio objeto. Esta mediación puede ser percibida por el estudiante como la manifestación de la autoridad epistémica del docente, a la que el alumno reconoce credibilidad confiando. O puede ser impuesta al estudiante en base a su poder institucional o persuasivo. En ambos casos es, sin embargo, expresión de la asimetría constitutiva de la relación entre docente y alumno, en la que es tarea y responsabilidad del primero elegir el objeto del conocimiento sobre el cual mover el proceso de enseñanza y aprendizaje.

El segundo nivel, directamente relacionado con el primero, es la relación del profesor y del alumno con el objeto de conocimiento. Este nivel intercepta la posición simétrica del docente y del alumno con respecto a él: ambos tienen que ver con el objeto del conocimiento, que, aunque es elegido por el primero, es para ambos el espacio dentro del cual se desarrolla el proceso de enseñanza-aprendizaje. A este nivel, la mediación del docente puede mover un acercamiento del alumno al objeto, de tal manera que se favorezca un compromiso personal y crítico. Pero el docente también puede saturar todo el espacio presente en el campo de fuerzas de la enseñanza-aprendizaje, comprometiendo así el inicio de la relación directa del alumno con el objeto y la puesta a tema por parte del mismo de esta relación personal. En el primer caso hablamos de confianza epistémica dialógica, en el segundo de confianza epistémica monológica (Markova, 2016; Zittoun, 2014).

Si ponemos estas características en el contexto del aprendizaje-servicio, parece surgir al menos una condición necesaria para que el docente implicado en la experiencia desempeñe su función de mediación entre estudiante y experiencia de servicio: asumir la responsabilidad de crear las condiciones para que el servicio sea vivido por el estudiante como un bien interno (MacIntyre, 2007) más que como un bien instrumental. Dicho de otra forma, no es suficiente con que el docente realice la tarea de introducir la experiencia de servicio en la dinámica de aprendizaje, respondiendo al primer nivel de la dinámica descrita, también es necesario que este cree las condiciones para que el servicio sea acción cuyo valor para el estudiante se infunde en la propia acción y no instrumental a la obtención de algún beneficio (que puede ir desde la estimación del docente hasta el premio).

Notas finales

Al final de este trabajo podemos hacer algunas breves notas de síntesis.

Una primera consideración es relativa a la naturaleza neutra del concepto de servicio y compromiso cívico, que necesita ser siempre declinada en su dimensión teleológica (¿servir para qué fin?, ¿compromiso civil para qué ciudadanía?) para que la neutralidad potencial adquiera claramente los aspectos éticos que puede aportar. En esta óptica, la conexión de servicio y compromiso civil con el concepto de democracia y de vínculo social al que se refiere, se convierte en un paso obligado tanto para iniciar como para reconocer acciones y prácticas de aprendizaje-servicio. Aunque es un concepto que permanece en el trasfondo de las prácticas mismas, sin embargo, ponerlo en tema entre los diferentes actores involucrados permite una negociación y una alineación con el objetivo de fondo que anima y orienta las distintas acciones.

Un segundo aspecto está relacionado con la dimensión motivacional de la experiencia de aprendizaje-servicio de todos los actores involucrados. Cuál es la motivación que sostiene estas acciones, entre instrumental o social (Sergiovanni, 2002) es una cuestión a tener en cuenta no solo como objetivo final del proceso, sino como dimensión en juego, tanto en el inicio como en el apoyo de la práctica misma, a partir de las actitudes con las que los actores participan en ella (Meens, 2014).

La tercera y última consideración, en continuidad con la anterior, es relativa a la experiencia observada desde el punto de vista de los docentes que reflexionan sobre sí mismos. En la óptica dialógica de aprendizaje-enseñanza, ya que el proceso didáctico no es disociable, la posible perspectiva que se abre es considerar simultáneamente y en igual medida la perspectiva de los estudiantes y de los profesores (Furco, 2010). En la experiencia del aprendizaje a través del servicio, ambos comparten el objeto de conocimiento en términos de los temas relevantes para la comunidad de referencia. Si para los estudiantes se trata de dar forma práctica a lo aprendido en clase a nivel teórico, con la perspectiva de aprender a través del servicio, o se trata de aprender a servir, creciendo en la capacidad de leer; diseñar y ejecutar acciones de intervención en relación con las necesidades de la comunidad, para los profesores ¿qué dimensión del aprendizaje está activa?

REFERENCIAS

Alexander, R. (2018). Developing dialogic teaching: genesis, process, trial. *Research Papers in Education, 33*(5), 561–598.

Butin, D. (2010). *Service-learning in theory and practice: The future of community engagement in higher education.* Springer.

Chen, C. S. y Gu, W. (2022). Exploring service learning from the perspective of early childhood pre-service teacher education. *International Online Journal of Primary Education (IOJPE), 11*(1), 20–32.

Coelho, Jr. N. E. y Figueiredo, L. C. (2003). Patterns of intersubjectivity in the constitution of subjectivity: Dimensions of otherness. *Culture & Psychology, 9*(3), 193–208.

Dewey, J. (1916). *Democracy and Education.* Columbia University Press.

Fiorin, I. (2016). *Oltre l'aula. La proposta pedagogica del Service Learning.* Mondadori.

Furco, A. (2010). The community as a resource for learning: An analysis of academic service-learning on primary and secondary school. En H. Dumont, D. Istance y F. Benavides (Eds.), *The Nature of Learning: Using research to inspire the practice* (pp. 227–249). OECD publishing.

Goswami, U. (2005). The brain in the classroom? The state of the art. *Developmental Science, 8*(6), 467–469.

Grossen, M. (2010). Interaction analysis and psychology: A dialogical perspective. *Integrative Psychological and Behavioral Science, 44*, 1–22.

Hildreth, R. W. (2012). Word and deed: A deweyan integration of deliberative and participatory democracy. *New Political Science, 3*(34), 295–320.

Jacoby, B. (1996). *Service Learning in High Education: Concepts and Practice.* Jossey-Bass Inc Pub.

Linell, P. (2009). *Rethinking language, mind, and world dialogically: Interactional and contextual theories of human sense-making.* Information Age Pub.

MacIntyre, A. (2007). *Dopo la virtù.* Armando Editore.

Markova, I. (2003). Constitution of the self: Intersubjectivity and dialogicality. *Culture & Psychology, 9*(3), 249–259.

Markova, I. (2016). *The dialogical mind: Common sense and ethics.* Cambridge University Press.

Meens, D. (2014). Democratic and Social Justice Goals in Service-Learning Evaluation: Contemporary Challenges and Conceptual Resources. *Michigan Journal of Community Service Learning, 21,* 41–54.

Pellerey, M. (2010). *Competenze, conoscenze, abilità, atteggiamenti.* Tecnodid.

Sergiovanni, T. (2002). *Dirigere la scuola. Comunità che apprende.* LAS.

Taylor C. (1999). *Il disagio della modernità.* Laterza.

Taylor, C. (1989). *Sources of the Self: The Making of the Modern Identity.* Harvard University Press.

Zittoun, T. (2014). Trusting for learning. En P. Linell y I. Markova (Eds.), *Dialogical approaches to trust in communication,* (pp. 125–151). Information Age Publishing.